청소년 인터넷 중독의 극복

"집단사회복지실천을 위한 가이드"

이 경 은 저

양 성 원

머리말

최근 청소년 혹은 청소년 관련 프로그램을 진행하다 보면 인터넷에 몰입하여 일상생활에 어려움을 겪는 청소년들을 자주 만나게 됩니다. 이들은 처음엔 외로워서, 회피하고 싶은 어려움이 있어서, 그냥 재미있어서 등으로 인터넷을 접하고 그 무궁무진한 세계로 빠져들어 자신의 학교생활 적응이 어려워지고 그로 인해 선생님, 친구, 부모님과의 관계에서도 갈등을 가지게 되는 경우가 많습니다.

중독이라는 용어가 예전과 달리 현대인의 일상생활 깊숙이 자리잡고 있습니다. 특히 인터넷 중독과 같은 행동중독의 경우 덕후질이라는 명칭으로 부추켜지기도 합니다. 현대인은 1인 1중독의 시대가 왔다고 얘기하기도 합니다. 청소년의 미래 사회는 중독 행동을 더욱 강화하는 방향으로 발전할 것이라는 전망이 나오고 있습니다. 사실 우리 아이들이 살아가야 하는 미래의 삶은 어떤 모습일까에 대해 정보화된 미래 도시들이 주로 제시되고 있습니다. 도시는 플랫폼, 인공 지성, 가상현실이라는 기제를 중심으로 운영될 것이라고 합니다. 청소년들은 플랫폼의 노동자로 인공 지성의 명령을 받거나 인공 지성과 경쟁하는 삶을 살게 될 것이고 현실의 어려움을 회피하고자 가상현실에서 자신의 채우지 못한 욕구를 채우는 호화로운 집과 요트, 많은 친구, 산해진미를 즐기며 대부분 시간을 보내게 될 것이라고 합니다. 이러한 미래 도시를 상상해 보면 우리 아이들이 인터넷을 활용하지 못하고 미래에 생존할 수 있을까? 더 나아가 경쟁력을 갖출 수 있을까?하는 의문이 생깁니다. 그리고 인터넷 중독으로 가지는 폐해가 아무리 크다고 할지라도 인터넷으로부터 우리 아이들을 완전히 분리시킬 수 없는 것입니다. 따라서 청소년들이 행복을 느끼면 살아가기 위해서는 자신의 생활에 인터넷과 다른 생활들과의 균형과 조화를 유지하는 능력이 무엇보다 필요합니다.

이 책은 편의상 인터넷 중독이라는 용어를 사용했지만 나도 중독이라는 진단명을 붙이는 것에 대해 매우 조심스럽습니다. 따라서 중독이기보다는 인터넷 과의존 혹은 의존 청소년을 대상으로 인터넷 교육을 합니다. 최근 사회복지 실천 현장에서도 중독 실천 현장이 늘어나고 기존 지역사회복지관, 지역아동센터, 드림센터, 청소년상담복지센터, 청소년지원센터, 중독센터 등에서도 이러한 문제를 호소하는 청소년에게 도움을 제공해야 하는 경우가 많습니다. 하지만 사회복지사들이 인터넷 중독에 대해 생소하게 받아들이고 접근하다 보니 여러 가지 어려움을 겪게 됩니다. 따라서 이 책은 청소년의 인터넷 중독에 대한 적절한 상담과 접근에 필요한 지침을 최대한 제공하려고 노력했습니다. 실제 이책의 내용은 많이 부족하지만, 사회복지사들이 인터넷 중독 청소년을 대상으로 개입을 시작할 수 있는 안내서로서 기능하기를 바랍니다.

이 책은 총 4장으로 구성되며 1장은 청소년의 인터넷 중독에 대한 개괄적인 내용과 인터넷 중독을 이해할 수 있는 내용으로, 2장은 인터넷 중독에 대한 개입으로 집단사회복지 실천이 가질 수 있는 이점과 공통적으로 이루어질 수 있는 내용으로, 3장은 실제적으로 실천할 수 있도록 초등학생의 특성에 맞는 프로그램을 제시하고 기존에 발표된 다양한 프로그램을 활용하는 방법에 대해 제시하였습니다. 4장은 중 · 고등학생을 대상으로 수행할 수 있는 프로그램을 제시하였습니다. 마지막으로 다시 한 번 강조하고 싶은 것은 이 책이 연구 논문이 아니며, 상담의 이론적 체계를 설명하기보다는 일반 사회복지사들이 인터넷 중독으로 어려움을 호소하는 청소년을 이해하고 그들과 함께 노력하기 위해 읽을 수 있는 지침서로 기능하기를 바랍니다. 이 책을 읽은 사회복지사가 인터넷 중독 청소년에 대한 거부감이 없이 기꺼이 함께 노력함에 자신감을 가질 수 있다면 성공이라고 생각합니다.

이 책이 출판되기까지 최선을 다하여 도움을 주신 양성원 강철원 대표님과 편집부에 감사의 말씀을 전하고 경북대학교 사회복지 대학원 정송화 선생님, 하유진 선생님, 영덕군 청소년지원센터 강동여 팀장님과 대구시 지역아동센터 지원단 하나영선생님에게 고마움을 전합니다.

2020. 1

차례

Chapter 04 인터넷 중독 중고등학생을 위한 집단 프로그램 실제

부록

Chapter

1

청소년 인터넷 중독의 개념

Chapter

1

청소년 인터넷 중독의 개념

1. 행동중독과 인터넷 중독

누구나 일상적인 삶의 모습은 밋밋하고 지루한 생활의 반복이며 끝나지 않는 과업의 연속이다. 이러한 일상에서 벗어나는 것, 즉 일탈은 삶의 에너지가 되기도 하고 일상의 고마움을 새삼 느낄 수 있는 기회이다. 하지만 일상의 어려움에서 벗어나기 위해 일탈에 의존하게 되는 것이 바로 중독이다. 일상에서 벗어나 물질이나 행동에 의존하는 시간이 길어질수록 일상으로의 복귀에 많은 시간과 노력이 필요하다. 현대사회는 중독을 부추기는 경향이 있다. '덕후' 또는 '덕후질'이라는 말처럼 어느 한 곳에 몰두하는 것이 곧 성공인 것처럼 포장되기도 한다. 하지만 몰두와 중독에는 커다란 차이가 있다. 몰두와 중독은 모두 특정 행동에 집중하는 것이지만 개인의 일상생활 수행에 어려움을 주게 되면 중독으로 본다. 중독에 시간과 에너지를 뺏김으로써 정작 자신이 성취할 수 있었던 것을 잃게 되는 것이다.

▶ 중독이란 무엇인가?

중독은 특정 약물이나 행동을 통해 얻고자 하는 보상이 있으며, 그 보상이 주어질 때 일시적인 만족을 가지게 된다. 만족 경험은 기억 체계 속에 강력한 영향을 주어 다시 그 보상을 경험하기 위한 행동을 반복한다. 미국중독의학회에서는 중독을 조절 기능의 이상 또는 갈망으로 보고 있으며, 대인관계와 감정적 반응에 심각한 문제가 있음에도 중독자 스스로 이를 인식하지 못하여 재발과 회복을 반복하는 치명적인 질환으로 정의하였다. [그림 1-1]과 같이 중독은 사람이 약물을 복용하거나 몰입행동을 하여, 일시적이기는 하나 편안하고 만족한 상태를 가지게 되고, 이것이 기억에 저장되어 갈망이 일어나 약물이나 행동을 지속적으로 하는 것이다. 하지만 중독행동으로 인해 대부분의 사람들은 부정적인 결과를 경험하게 되고 중독행동을 멈추기 위한 노력을 한다. 그러나 중독행동을 그만두려고 노력하면 금단현상으로 인한 고통감이 나타나고 이에 대한 회피행동으로 다시 중독행동을 하게 된다는 것이다.

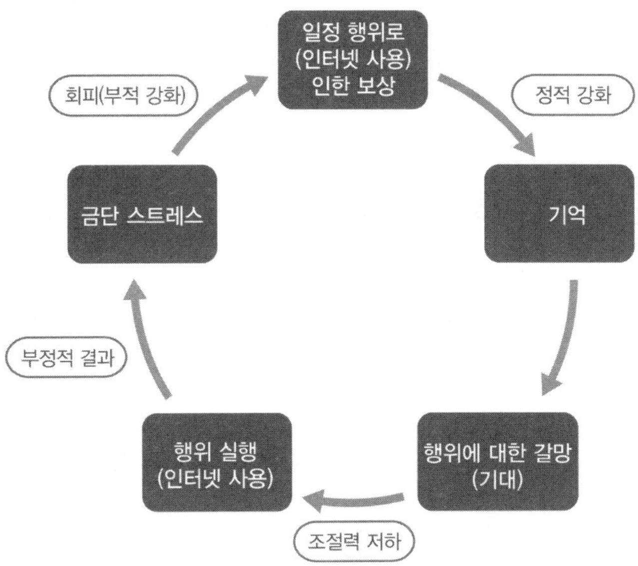

[그림 1-1] 행동중독 과정

출처: 최삼욱, 2014, pp.23, 재구성

중독의 구성요소는 현저성, 기분조절, 내성, 금단, 갈등, 재발의 여섯 가지로 파악된다(Griffiths, 2006). 현저성이란 어떤 물질이나 행동에 집착하여 그 물질이나 행동에 관하여 많은 생각과 시간, 에너지를 할애하고, 직장, 학업, 건강, 가족 등과 관련된 일상생활의 과업을 무시하게 된다. 기분 조절은 물질이나 행동이 우울과 불안 등 부정적 정서를 회피할 수 있도록 해주거나 혹은 각성상태를 만들어 준다. 내성은 만족감을 위해 집착하는 물질, 대상, 행동이 점점 더 필요로 하는 상태이다. 내성이 강해지는 것만큼 치료와 회복은 어려워진다. 금단은 중독적 행동이 줄거나 중단되었을 때 두 가지 종류의 증상을 경험하는 것이다. 첫 번째는 스트레스 반응이고, 두 번째는 반동반응이다. 스트레스 반응은 유기체의 항상성을 깨뜨려서 적응하기 어려운 상태이다. 반동 반응은 중독적 행동을 그만두었을 때 물질이나 행동이 가져다 준 만족만큼 불안해지고 초조해지는 것이다. 갈등이란 중독성 물질이나 행동을 하는 사람이 주변 사람들과의 불화를 일으키고 자신의 내면에서도 갈등을 가지게 된다. 재발은 치유되었다가도 과거의 중독성 행동으로 회귀하는 것을 의미하며, 재발하면 할수록 중독의 심각성은 증가한다.

▶ 행동중독을 중독질환으로 보는 것이 타당한가?

인간의 과도한 일상적 행동이 음식중독, 성중독, 운동중독, 쇼핑중독, 일중독, 도박중독, 인터넷 중독, 게임중독이라는 질병으로 정의되는 것이 적절한가? 이에 대해 반대하는 학자들은 일상생활의 행동이 중독의 대상이 된다는 점에서 행동중독을 과도한 진단이라고 비판한다. 그들은 행동중독을 단지 의지의 부족이나 성격적 결함으로 인해 행동의 통제가 안 되는 것으로 보았다.

하지만 비물질 중독 즉 행동중독은 어떤 물질도 뇌에 공급되지 않음에도 뇌의 보상회로에 영향을 준다. 이로 인해 내성, 금단, 조절력 상실과 같은 중독 현상이 일어나기 때문에 오히려 중독의 본질을 잘 보여준다고 할 수 있다.

사회적 이슈로 등장한 중독을 과연 질병으로 정의하고 치료의 대상으로 삼는 것이 적절한 것일까? 개인의 어떤 지나친 행동을 질병이 아닐까 의심한 것은 오래전 일이지만, 과학적 연구와 치료의 대상이 된 것은 최근이다. 그 시작은 1980년 국제적 정신질환 진단 기준체계 중 하나인 '정신장애의 진단 및 통계 편람'에 '도박중독'이 충동조절의 문제로 등장하게 되었고, 2013년 DSM-V가 개정되면서 충동조절만의 문제가 아닌 중독의 문제로 학계에서 공식 인정받았다. 이는 중독을 바라보는 시각과 태도의 변화를 요구하는 패러다임의 혁명이 아닐 수 없다. 기존에 중독이라고 하면 알코올이나 니코틴과 같은 물질이 직접 뇌에 영향을 주는 현상을 말하였지만, 이제 어떤 물질을 사용하지 않아도 유사한 중독질환이 생길 수 있다는 것을 인정하게 된 것이다. 도박뿐 아니라, DSM-V 개정판이 나오면서 인터넷게임사용장애가 연구 진단에 포함되었고, 성중독이나 음식중독도 DSM-V 개정 작업 과정에서 많은 논의가 있었던 주제였다.

▶ 인터넷 중독은 무엇인가?

사람들은 의사소통, 쇼핑, 은행업무, 정보검색을 위해 인터넷을 사용한다. 뿐만 아니라 취미생활을 하고 오락을 즐기는 등 생활 전반에 걸쳐 인터넷을 이용하고 있다. 이처럼 인터넷이 우리 삶에 필수 요소로 자리 잡고 있는 만큼 인터넷 중독에 빠질 위험 또한 높아지고 있다. 인터넷 중독은 온라인에서 많은 시간을 보내며 자신의 삶에서 인터넷이 가장 중요한 부분이 되는 것이다. 스스로 인터넷 사용시간을 줄이는 것이 쉽지 않으며, 자신의 어려움을 회피하고자 더욱 인터넷을 사용한다. 때로는 자신의 인터넷 사용량에 대해 숨기려 하고, 누군가가 자신의 인터넷 사용시간을 제한하려고 하면 저항감을 가진다.

Young(1996)은 DSM-IV의 진단 기준을 활용하여 인터넷 사용에 대한 문제성을 제시하였다. Goldberg(1996)는 컴퓨터를 과다하게 사용하여 신체적, 심리적, 경제적, 사회적 기능에 손해나 지장이 생기는 경우를 '병리적 컴퓨터 사용 장애'로 보았다. 인터넷 중독은'과도한 인터넷 사용과 관련된 조절되지 않는 집착, 충동으로 인해 일상생활 기능의 문제가 발생하고, 조절에 어려움이 있어 가정, 직장, 학교 등에서 행동 및 심리적 문제와 장애가 발생'하는 것으로 정의된다.

하지만 '인터넷 중독'은 학자마다 개념에 차이가 있고 다양한 용어로 명명된다. 중독의 정도 차이와 중독된 매체에 따라 '인터넷 의존', '인터넷 중독 장애', '문제성 인터넷 사용', '가상현실중독', '컴퓨터 중독', '스마트폰 중독', '문제성 온라인게임 사용', '인터넷 게임중독', '소셜미디어 중독' 등으로도 불린다. 그러나 2013년 DSM-V 부록에서 "인터넷 게임사용 장애"라는 용어가 수록되고 충동조절 장애의 일환으로 진단할 것을 추천하였다. 향후 이를 근거로 용어가 정리될 것으로 보인다.

최근에는 스마트폰이 일상화되면서 인터넷 중독의 발전 형태로 스마트폰 중독을 제시하고 있으며 중독이라는 진단이 낙인 효과를 가지기도 하여 의존이라는 명칭을 사용하기도 한다. 따라서 스마트폰 의존, 휴대폰 의존, 게임중독, 인터넷 중독과 스마트폰 중독 등이 혼용되고 있고 동일개념으로 간주하고 있다(강희양, 박창호, 2011; 신호경 외, 2011; 한국정보화진흥원, 2011). 따라서 인터넷 중독은 사용하는 기기나 매체가 무엇이든지 인터넷의 지나친 사용으로 인하여 충동조절과 일상생활 장애로 이어지는 상태(강희양, 박창호, 2011; 박용민, 2011; 오강탁, 이제은, 2012)를 모두 포함하는 것이다.

사실 인터넷 중독이 심각한 문제가 아니라고 주장하는 사람들도 있다. 그들은 인터넷이 의사소통, 쇼핑, 취미, 즐거움 등 무수히 많은 생활 장면과 관련 있기 때문에 장시간동안 인터넷을 활용하는 것은 당연하다는 입장이다. 인터넷은 순기능도 많기 때문에 단순히 인터넷을 오랜 시간 활용한다고 해서 중독으로 보기는 어렵다. 우리는 마음의 공허함, 심리적 불편감, 대인관계에서 느끼는 외로움과 어려움을 해소하거나 원하는 시간에 다양한 사람과 접촉하기 위하여 페이스북, 카카오 등을 통해 친구와의 관계를 촉진한다. 직장업무, 구직활동 및 학업과 관련해서도 블로그, 트위터, 인스타그램, 스냅챗 등과 같은 사회네트워킹을 활용한다. 하지만 인터넷 중독을 중독질환으로 보고자 하는 학자들은 실제 많은 사람들이 중독된 상태로 많은 시간을 인터넷을 사용하고 있다고 주장한다. Greg(2010)는 인터넷이 사람들의 생활에 필수요소이기 때문에 중독의 위험상태에 더욱 놓여있게 된다고 주장한다. 그리고 인터넷이 우리의 삶을 황폐화시킬 것이라고 경고한다.

2. 청소년 인터넷 중독

▶ 청소년의 스마트폰 의존이 심각하다.

IT의 발달과 더불어 최근 청소년의 스마트폰 보급률은 2017년 기준 초등 저학년생 37.2%, 초등 고학년생 74.2%, 중학생 92.0%, 고등학생 93.5%(정보통신정책연구원, 2017)로 스마트폰과 청소년의 일상생활은 분리할 수 없다. 과학기술정보통신부와 한국정보화진흥원(2018)은 전국 10,000개 가구 내 만3세 이상부터 69세 이하 대상으로 스마트폰 · 인터넷 이용자(28,575명)를 조사하였다. 실태조사 결과에 따르면 청소년의 과의존위험군(고위험군, 잠재적위험군)은 29.3%로 파악되었고, 여성가족부(2018)의 전국 학령전환기 청소년(초4, 중1, 고1) 약 129만명 대상으로 스마트폰 이용습관 진단조사를 실시한 결과에 따르면, 스마트폰 과의존위험군은 12만 840명으로 약 11%를 차지하였다.

호기심이 많고 보다 자극적인 것을 추구하고자 하는 청소년이 스마트폰에 중독될 가능성이 높다. 한국정보화진흥원(2018)에 따르면 인터넷을 기반으로 하고 있는 스마트폰의 이용용도를 메신저(94.6%), 영화 · TV 동영상(93.9%), 게임(90.3%)으로 분석하고 있다. 그들은 스마트폰의 사용에 대한 순기능으로 스트레스 해소 59.7%와 삶의 질 향상 74.0%를 언급하고 있다. 이러한 점을 미루어볼 때 향후 청소년의 인터넷 사용시간이 지속적으로 증가될 가능성이 높다. 특히 중고등학생들은 평일 여가 중 73%, 휴일 여가 중 50.6%를 디지털 기기를 사용하고 있다(국민여가활동조사, 2016).

심각한 청소년의 스마트폰 중독은 현실세계 관계에 대한 흥미 저하, 학업 부진 및 미래에 대한 의욕저하, 가상세계에 대한 집착과 같은 다양한 문제를 경험하게 한다(여성가족부, 2017). 더욱이 스마트폰에 중독된 청소년은 일반 청소년보다 스트레스에 취약하고, 가족관계에 더 많은 어려움을 겪고 있는 것으로 보고되었다(한국정보화진흥원, 2016).

▶ 청소년기의 발달적 특성과 맞물려 더욱 심각해지고 있다.

청소년은 인터넷 중독에 대한 인식이 부족하다. 청소년이 인터넷 중독에 대한 심각성을 인식하는 것은 60.6%로 타 인구집단에 비해 가장 낮으며, 이 중 고등학생이 63.1%로 초등학생 60.8%, 중학생 59.5%보다 높은 것으로 나타났다. 특히 인터넷 중독으로 청소년 82.0%가 수면부족 등으로 인한 건강 문제가 가장 심하다고 하였으며, 학교공부 방해와 같은 생활파괴가 77.3%, 성격변화가 36.7%로 나타났다(청소년사이버상담센터, 2018).

대인관계에 대한 욕구가 높은 청소년은 디지털 미디어를 통해 소통하는 것에 익숙하기 때문에 청소년에게 스마트폰은 단순한 의사소통의 수단을 넘어 또래집단과의 소통, 새로운 문화 형성의 장으로 확장되고 있다(오은정, 장성화, 2009). 정보추구를 목적으로 인터넷을 이용하는 성인에 비하여, 오락과 상호작용의 목적으로 인터넷을 사용하는 청소년의 특성이 인터넷 과의존 요인으로 작용할 수 있다(김동일 외, 2012; Zsolt, Beatrix, & Sandor, 2008). 인터넷 중독은 심리적으로 청소년에게 충동성, 공격성, 폭력성을 자극하며 이로 인해 청소년 자신뿐만 아니라 대인관계에도 부정적인 영향을 미치고 있다. 우울이나 위축으로 인해 대인관계가 어려워지고, 친구와 가족들과의 관계 악화로 갈등을 겪을 수 있다(황상민, 2001; Young, 1998). 청소년에게 인터넷 중독의 부정적인 영향은 청소년 시기를 넘어서 성인기까지 영향을 미칠 수 있으므로 문제가 더욱 심각하다.

▶ 청소년 인터넷 의존은 가족 및 부모의 특성과 높은 관련성이 있다.

부모는 자녀와 관계 맺는 최초의 타인으로서 자녀의 지적, 정서적 발달 및 행동 가치관, 생활태도를 습득하도록 돕는 중요한 존재로 부모에게서 받는 지지는 청소년의 지적 특성과 정서적 발달에 긍정적 영향을 미친다(김주영, 2005). 인터넷 의존도 행동중독의 일종으로 부모의 영향을 받을 수 밖에 없다. 부모 및 가족의지지가 높을수록 인터넷 의존이 낮아진다(박명희, 2014; 석말숙, 구용근, 2016). 이외에도 부모의 지지와 유사한 개념으로 부모와의 관계, 부모양육태도 및 부모통제력 같은 변인들이 인터넷 중독에 미치는 영향을 보고하고 있다(노충래, 김소연, 2016; 한국청소년상담복지개발원, 2013).

따라서 부모의 양육 기능이 상대적으로 취약한 계층에서 인터넷 중독과 스마트폰 중독은 더욱 심각하다. 한부모가정 자녀의 인터넷 중독 위험군(13.6%)이 양부모가정의 자녀(13.1%) 보다 높았다. 그리고 한부모가정 자녀의 인터넷 중독 위험군은 전년대비 0.3% 증가하였으며, 잠재적위험사용자군에서도 0.3%가 증가하였다. 한편 다문화가정 청소년 인터넷 중독 위험군이 일반가정보다 더 높았으며, 이는 전년대비 1.3% 증가하였다. 맞벌이 가정의 청소년 인터넷중독위험군은 13.8%로 외벌이 가정보다 1.8% 높다. 맞벌이 가정 청소년 자녀의 인터넷 중독 위험군은 전년 대비 0.9% 증가하였다. 가족의 구조적 특성이 청소년의 인터넷 중독 위험에 밀접한 관련이 있음을 알 수 있다(한국정보화진흥원, 2015).

청소년은 인터넷 사용을 줄이는 데 자신의 의지(46.5%), 주변의 도움(24.6%), 여가활동(12.4%), 기술적 도움(10.1%)에 비해 교육 및 상담(74.1%)이 가장 도움이 된 방법이라 주장하였다(한국정보화진흥원, 2015). 이러한 결과는 청소년이 스스로 인터넷 중독 문제를 해결하기 위하여 자신 스스로 노력뿐만 아니라 가족의 지원이 필요함을 인식하고 있다는 것을 보여주고 있다.

3. 청소년 인터넷 중독의 폐해

인터넷은 우리의 삶을 윤택하게 하고 사회적 교류를 활발하게 함으로써 많은 사람에게 없어서는 안 될 유용한 생활도구로 자리매김 되었다. 그러나 사용자 중심의 다양한 앱을 고려할 때 인터넷 중독 될 가능성이 높아지고 있다.

▶ 일상생활과 신체건강에 어려움을 가져온다.

인터넷의 과다사용으로 취침시간과 기상 시간이 늦어짐에 따라 일상생활 장애를 일으킨다. 인터넷 세상이 일상생활과 연결되는 가상세계지향과 같은 증상이 나타나기도 한다. 인터넷 사용을 제재하거나 시간을 조절하려고 하면 충동성, 분노, 공격성, 금단 현상과 같은 증상이 나타난다.

과도한 인터넷 사용은 여러 신체질환을 유발할 수 있다. 장시간 모니터를 응시하여 생기는 안구건조증이나 시력저하, 키보드 사용으로 인한 어깨 결림, 불안정한 자세로 요통과 긴장성 두통도 발생할 수 있다. 특히 낮밤이 바뀌고 불규칙적 생활습관으로 인한 수면장애와 위장장애 등이 흔하게 나타난다. 실제 72시간 이상 지속적으로 PC방 등에서 게임을 하다가 심부정맥혈전에 의한 폐색전증으로 돌연사에 이르기도 하였다(김대진, 2012).

▶ 미성숙한 자아와 정신건강에 영향을 미친다.

인터넷을 과다 사용한 청소년은 일반 청소년에 비하여 충동적이고(윤재희, 1998; 이혜진, 2001), 자기통제력과 자기존중감이 낮았다. 이들은 우울감 및 감정 변화 정도가 더 높았고, 이러한 심리적 불안은 자살시도와 상관이 있다고 보고되었다(김수정, 2007; 오정하, 2002; 이세용, 2000). 중국에서 중고등학생을 대상으로 조사된 결과에서도 인터넷 중독 학생들은 신체적인 에너지 부족, 심리적 역기능, 낮은 면역 수준, 감정적 · 행동적 · 사회 적응의 문제를 경험하고 있는 것으로 나타났다. 이기영 외 3인(2008)은 초등학생의 인터넷 중독이 공격성을 높이고 학교적응에 부정적인 영향을 미치고 있음을 우려하였다. 인터넷 중독은 청소년의 정신적, 정서적 발달 장애와 우울, 학교 부적응 등에 영향을 미치고(Young, 1998), 인터넷중독 청소년은 자신에 대한 가치와 통제력이 매우 낮고, 외로움과 충동성에 유의미한 상관관계를 보였다(류진아, 2003; 이형초, 2001; 김종운, 2003).

인터넷 중독 고등학생은 특히 정신 병리와 관련이 있다(김웅장, 2002). 정신병리 중 우울, 강박증, 대인민감성, 적대감, 불안, 신체화 등이 인터넷 중독 성향과 연관되어 있다. 정현웅과 오세덕(2008)의 연구에서도 고등학생의 인터넷 중독 집단은 일반집단에 비해 공격성, 불안, 우울이 높으며 편집증과 같은 증상을 보고하였다.

▶ 가족 및 대인관계에서 어려움을 가진다.

청소년에게서의 인터넷은 가상공간에서의 놀이터, 친구를 만들고 소통하는 공간, 학습도구 등의 역할을 하고 있다. 청소년이 인터넷을 습관적으로 사용하는 것이 20.1%, 시간 때우기로 사용하는 경우가 20.5%임을 고려할 때 5명 중 1명은 특별한 용도와 필요에 의해서 사용하는 것이 아니다. 청소년이 습관적으로 인터넷을 사용하고 몰입하는 것은 대인관계에 부정적인 영향이 나타날 수 있다.

가족과 대인관계 영역에서 보면, 청소년들을 대상으로 한 연구에서 인터넷 사용시간이 길어질수록 친구와 접촉하는 시간이 짧아지며, 부모와의 관계 만족도가 떨어지고, 부모와 대화 빈도가 유의하게 더 적은 것으로 나타났다(안은희, 2018). 다른 연구에서는 인터넷 중독이 역기능적 가족 관계와 유의한 상관관계를 보였으며, MMORPG 게임에 중독된 집단은 비 중독 집단보다 사회적, 경제적 및 가정적 어려움을 더 많이 겪고 있는 것으로 보고되었다(김대진, 2014). 교우나 교사와의 관계가 원만하지 못하고 의사소통 문제도 경험하는 것으로 보고되었다(이유경, 2002). 인터넷 중독 청소년은 타인과의 접촉이 약화되어 대인관계에서 획득해야 할 사회적 기능 학습에 어려움을 겪고 있으며, 사회적인 유대관계가 약해진다(소두영, 2008).

이렇게 불만족스러운 대인관계로 인하여 인터넷에 중독되면 인터넷 사용을 스스로 조절하지 못하고 사회적인 관계 형성과 사교활동 혹은 취미, 여가활동을 줄이면서까지 인터넷을 사용하게 된다(소두영, 2008). 이로 인해 인터넷에 중독되면 일상생활의 장애를 겪게 되고, 친구와 멀어지거나 학교에서 배척되는 경험을 하게 된다. 결국 지나친 인터넷 사용은 다른 사람과의 접촉을 약화시키고, 대인관계에서 습득해야 할 사회기술을 학습하지 못해 자기통제력 상실, 일상생활 부적응, 대인관계 장애 등의 문제를 유발하여 더욱 가상세계를 벗어나지 못하는 악순환이 이어지게 된다. 이러한 현상은 단순히 청소년기에만 미치는 것이 아니라 성인기에 이르기까지 지속적인 영향을 미칠 수 있다.

▶ 문제행동의 빈도가 높아지고 학교적응에 어려움을 가진다.

중증 인터넷 중독 청소년 집단이 초기 중독집단과 일반이용 집단에 비해 문제행동의 빈도가 높았다(김미은, 2002). 이러한 보고들은 다양한 나라들에서 나타나고 있다. 대만의 경우 비디오 게임 중독이 심할수록 학업 성적은 떨어지는 것으로 나타났고, 유럽에서도 낮은 학업수행, 무단결석과 유의한 관계가 있다고 보고되었다. 국내에서 청소년의 인터넷 중독은 담임교사 및 교우와의 관계, 학교공부에 대한 적응, 학교 규칙의 준수, 그리고 학교행사에 대한 참여에 부적 상관관계를 보이는 것으로 나타났다(박정화, 2005).

▶ 공존 질환 및 증상을 가지기도 한다.

대부분의 중독성 질환은 다양한 정신과적 증상 및 질병을 함께 가지는 경우가 많다. Volkow 외(2005)의 연구에서는 물질중독을 가진 사람들이 다른 대안적인 강화물에도 민감할 것이라고 보았다. 알코올이나 약물중독 뿐 아니라 다양한 행동중독도 우울, 불안과 같은 공존질환을 갖게 된다. 특히 다른 정신질환을 갖고 있는 사람들의 경우 인터넷이나 게임중독 혹은 약물중독이나 알코올 중독의 문제를 유발시키거나 악화시키는데 기여하기도 한다. 알코올 문제를 가진 청소년들도 인터넷 중독을 보이는 경향이 있다고 보고하였다. 또한 개인이 잠재적으로 혹은 기저에 갖고 있던 생물학적, 심리적, 사회적인 문제들이 인터넷 중독이나 기타의 중독문제를 강화시킬 수 있다. 여러 연구결과에서 인터넷 중독과 기분장애, 불안장애, 주의력결핍과잉행동장애 등이 가장 흔한 공존 질환인 것으로 보고되고 있으며(김대진, 2012) 자살사고도 높은 빈도로 나타나 중독과 관련된 공존 질환의 예방에 더 많은 관심이 요구된다.

가장 많이 나타나는 공존질환으로 기분장애와 불안장애가 있다. 우울을 경험하고 있는 청소년들은 우울로 인해 부정적인 정서를 경험하고 일상생활에서의 어려움을 나타낸다. 이로 인해 인터넷과 같은 사이버 공간을 찾는 경향이 높아진다. 인터넷 상에서는 자신을 드러내지 않아도 되기 때문에 자신의 부정적인 정서와 일상생활에서의 스트레스를 익명으로 드러내기도 하며, 자신의 우울과 관련된 감정들을 더 쉽게 노출할 수 있다. 인터넷에서 익명의 사람들로부터 받는 정서적 지지를 통해 일시적인 안정감을 경험한다. 이러한 과정에서 자신도 모르는 사이에 인터넷에 중독될 가능성이 높아진다. 그리고 인터넷에 오래 머물다 보면, 기존에 갖고 있던 질환이나 정신적인 문제가 악화될 가능성이 증가된다. 2년에 걸친 종단 연구 결과에 의하면 인터넷을 과다하게 사용할수록 그렇지 않은 사람들보다 더 우울해하는 경향이 있는 것으로 보고되었다(김대진, 2012). 범불안장애나 기타의 불안 문제를 가진 경우도 동일한 결과를 보여준다. 불안 수준이 높을 때 청소년의 인터넷 중독 성향이 증가한다는 연구결과들이 있다(김대진, 2012). 이는 학업이나 대인관계 등에서 불안이 높고 사회적으로 위축된 청소년들은 그것을 회피하기 위해 인터넷을 사용하게 된다. 인터넷상에서 자신이 직접 만들어낸 가상의 자기를 통해 현실생활에서 느끼지 못했던 만족감을 경험함으로써 사이버 세계에 더욱 몰두하게 된다. 하지만 가상의 자기와 실제 자기 사이에 차이가 클수록 불안은 더욱 증가하고, 이러한 불안의 증가는 기타의 신체질환인 불면증이나 소화 장애를 동반하기도 한다.

특히 ADHD를 가진 청소년의 경우 인터넷이나 게임중독의 가능성이 높다. ADHD는 뇌질환으로 주의력 결핍, 과잉행동 및 충동성이 주요 증상이다. 과잉행동 및 충동성으로 인한 통제 능력의 결핍은 인터넷 사용을 조절하지 못해 인터넷 중독으로 이어질 수 있다(김대진, 2012). 또한 ADHD는 낮은 중추신경계의 흥분을 높이기 위해 과잉행동을 통해 이를 보상하려는 경향이 있다. 이러한 경향이 과잉행동 대신 감각적이고 자극적이며 변화무쌍한 인터넷을 탐닉하도록 만들어 일반 청소년보다 더 쉽게 인터넷 중독에 빠지게 된다. 특히 과잉행동으로 인하여 주변 사람들로부터 부정적인 피드백을 받게 되면 대인관계에 어려움이 생긴다. 하지만 인터넷에서는 보상적 경험을 할 수 있는 기회가 많아 더욱 인터넷 사용에 몰두하게 되고 이는 인터넷 중독으로 이어진다.

4. 청소년 인터넷 중독을 위한 사회적 노력

인터넷 중독의 심각성에 대해 사회가 인식하고 개선하기 위해 다양한 노력을 하고 있다. 인터넷이 생활의 중심이 되어 가고 있기 때문에 인터넷을 잘 활용해야 하는 것은 매우 중요하다. 알코올중독이 문제가 되자 금주령을 내렸던 과거와 달리 인터넷 중독은 차원이 다른 대처가 필요하다. 인터넷 중독이 심각한 사회문제가 된다고 해서 인터넷 사용을 금지하거나 제한하는 것은 현대사회 문화를 부정하는 것이다.

전 세계적으로 인터넷 중독과 관련된 다양한 치료센터들이 운영되고 있는 것도 이러한 맥락에서 볼 수 있다. 시애틀의 RESTART 인터넷 중독 치료센터는 대부분의 환자들이 온라인 게임을 하고 싶은 충동에서 벗어나지 못하고 있다고 말한다. 중국에서는 많은 청소년들이 중독 훈련소에 보내지고 있다.

연구자들은 가장 인기 있고 중독성 있는 온라인 게임 중 하나가 다중접속 역할분담 게임(MMORPGs)이라는 것을 발견했다. 이 게임에서 전 세계의 사람들은 가상세계에서 교류하고 경쟁하고, 그룹을 형성하고, 퀘스트를 완료한다. World of Warcraft는 가장 인기 있는 MMORPGS의 하나이다. 이 게임들은 매우 중독성이 있는데, 그 이유는 해야 할 것과 성취해야 하는 목표가 매우 다양하고 쉽지 않기 때문이다. 온라인 포럼에서 한 게이머가 이렇게 이야기했다. "새로운 아이템이 있거나 해야 할 퀘스트들이 있다. 이 게임에는 흥분 속에서 하루 종일 할 수 있는 많은 활동들이 있다." 그리고 게임 세계는 플레이어들이 로그오프 상태 일 때에도 계속 발전하며, 그들이 놓친 것이 무엇인지 계속 확인하기를 원한다(Nakaya, 2015). 따라서 일상생활과 인터넷 게임을 병행하기가 힘들어지고 인터넷에 더욱 몰입하게 된다.

우리 사회도 정보통신부 산하 한국정보문화진흥원이 2002년 인터넷 중독 예방상담센터를 개소하면서 인터넷 중독 문제에 대한 예방 및 치료 사업이 시작되었다. 청소년 인터넷 중독을 해결하기 위해 다양한 분야에서 청소년 및 가족에 대한 개입을 위해 지속적으로 노력하고 있다. 중앙부서는 교육부를 중심으로 9개 부처가 3년에 한 번씩 종합계획을 수립하여 실행하고 있다. 현재 2017년부터 3차 종합계획에 따라 인터넷 중독 예방과 치료, 컨텐츠 활용 등의 분야에서 다양한 정책을 만들어 시행하고 있다. 우리나라 뿐 아니라 중국과 미국 등에서도 인터넷 중독 치료센터들이 전문적 개입을 실행하고 그 효과에 대해 검증하고 있다. 베이징의 Boot Camps는(Andrea, 2015) 70%의 성공율을 자랑하고 있다. 이 캠프는 인터넷 중독을 나쁜 습관으로 인식하고 스스로 인터넷 사용에 대해 자기통제를 강화하여 중독을 극복하는 인터넷 치료가 목적인 군대와 같은 스타일의 캠프이다. 캠프는 매우 엄격한 생활 규칙을 지키고 자기통제감을 높이기 위한 훈련을 시행한다. 하지만 캠프의 성공에 대해 많은 논란이 있다. 성공 측정이 청소년의 자가 보고에 의해 정확하게 이루어진 것인지, 이러한 성공이 지속되는 것인지 등에 논란이 있다. 미국의 중독센터는 인터넷 중독이 불안, 우울, 스트레스, 관계문제, 학업문제, 충동조절장애, 성적학대와 같은 정서적인 문제에서 생겨난다고 본다(Andrea, 2015). 치료가 이러한 근본적인 문제의 해결을 병행하지 않는다면 인터넷 중독은 치료되기 어렵거나 혹은 치료되었다 하더라도 재발하거나 다른 형태의 중독 행동으로 옮겨갈 수 있다.

이러한 사회적 노력에도 불구하고 인터넷 중독 청소년 비율이 줄어들지 않고, 항상 휴대할 수 있는 스마트폰, AR과 VR과 같은 컨텐츠가 다양화되는 점을 고려한다면 인터넷 중독 청소년은 계속 늘어날 전망이다.

▶ 인터넷 중독에 대한 개입은 예방이 가장 효율적이다.

학자들은 인터넷 중독을 해결하는 가장 좋은 방법으로 예방을 제안한다. 예방은 주로 청소년에게 인터넷 중독에 대해 가르치고 중독의 위험으로부터 자신을 지키는 방법을 교육하는 것이다. 교육이 없으면 사람들은 인터넷이 그들에게 주는 피해와 위험에 대해 생각해보지 않는다. Dokoupil(2012)은 인터넷이 필요 이상으로 우리의 삶을 지배하고 있으므로 우리 스스로는 인터넷으로부터 얻고자 하는 것과 원하지 않는 것을 분명히 하는 것이 중요하다고 하였다(Andrea, 2015). 미국 스크린프리 주간캠페인은 1994년부터 사람들이 업무와 관련된 것이 아니라면 인터넷을 포함한 컴퓨터나 스마트폰을 사용하지 않고 생활하는 주간을 선정하여 참여를 독려하고 있다.

중독 관련 많은 전문가들은 인터넷 접근이 제한적으로 이루어지는 것이 중독을 극복하는 데 중요한 요인이라고 설명한다. 예를 들어 하루에 인터넷으로부터 휴식을 취하는 시간을 정하든지, 컴퓨터나 핸드폰의 사용시간을 제한하거나, 인터넷 사용 장소를 한정하는 것이 효과적이라고 한다.

사실 인터넷 중독이 공식적인 질환으로 인정을 받아야 인터넷 중독으로 고통 받는 사람들이 건강보험의 혜택을 받을 수 있다. 하지만 사회적 합의가 아직 이루어지지 않고 있다. 인터넷 중독은 다른 중독과는 매우 다르다. 예를 들어 알코올 중독은 술자리를 회피하거나 술이 없는 장소를 선택할 수 있다. 하지만 사람들은 인터넷을 완전히 배제하고 일상생활을 할 수 없다. 인터넷은 모든 사람들이 사용하며, 불법이지도 않다. 타인과의 교류를 위해서 필수적이기 때문에 사람들은 자신의 어떠한 인터넷 사용이 문제가 되는지, 어떤 부분을 자제해야 하는지, 건강한 인터넷 사용을 위한 습관을 분명히 인식해야 해야 한다. 이렇게 인터넷 중독은 다른 중독영역에 비해 복잡한 기전이 있으므로 전문가적 개입이 필연적이다.

Chapter

2

인터넷 중독 청소년을 위한 집단 사회복지 실천

Chapter 2

인터넷 중독 청소년을 위한 집단 사회복지 실천

1. 청소년 대상 집단 프로그램

1) 청소년 집단 프로그램

집단상담은 집단이 지닌 치료적 힘을 활용하는 것이다. 집단상담을 통하여 집단원들은 그들 간에 정서적 유대감 및 소속감을 느끼고, 이타주의적 협동심을 배우며, 경쟁적인 분위기에서 느끼기 쉬운 열등감에서 벗어날 수 있는 집단 경험을 하게 된다. 이러한 경험을 통하여 구성원은 스스로 문제해결을 해나가는 경험을 가지게 되고 이를 통해 발달과 성장을 하게 된다. 집단에서 다양한 집단원들과의 만남을 통해 다양한 문제를 새로운 각도에서 보게 되며, 사회관계에서 자신과 타인을 새롭게 받아들이게 된다. 따라서 집단상담은 바람직한 성장 · 발달을 위하여, 전문적으로 훈련된 실천가의 지도와 동료들과의 역동적인 상호 작용을 통해 각자의 감정, 태도, 생각 및 행동 양식 등을 탐색하고, 이를 보다 성숙한 수준으로 향상시키는 과정이다(이장호, 김정희, 1998).

개별이 아닌 집단을 통한 접근을 할 때 가지게 되는 이점을 정리해보면 다음과 같다.

첫째, 효율적이다. 공통의 목적을 가진 내담자가 함께 집단을 구성하고 노력한다면 개별로 진행할 때보다 시간과 경비를 절약할 수 있다. 부족한 전문 인력이 보다 많은 수의 대상에게 서비스를 제공할 수 있다. 둘째, 공통성의 경험을 할 수 있다. 본인 혼자만이 어려움을 겪고 있다는 생각에서 벗어나 타인들도 유사한 혹은 다른 어려움을 가지고 있다는 것을 알게 되고 이로부터 위로를 받는다. 많은 학자들(Bandura, 1977; Kottler, 1994; Posthuma, 1996)은 집단에서의 대리 학습을 긍정적으로 이야기해 왔다. 많은 경우에 집단원들은 "그것이 바로 내가 가지고 있는 문제다."라고 말하면서, 자신의 문제에 접근할 수 있는 힘과 위로를 가지게 된다. 셋째, 다양한 자원과 관점을 가질 수 있다. Shulman(1984)은 집단의 다양한 자원의 상호작용을 설명하기 위해 '자료 나누기(sharing data)'라는 관용구를 사용하였다. 집단으로 진행될 때 가장 도움이 되는 측면 중 하나는 다양한 관점을 표현하고 토론하는 것이다. 집단원들은 다양한 견해를 나누고 흥미롭고 가치 있는 경험을 만들어 나간다. 넷째, 집단원들은 집단에 대한 소속감을 가지게 된다. 소속감으로 인해 집단원들이 서로를 동일시 할 것이고, 집단에서 수용 받는 경험은 더 나아가 집단에 헌신하도록 만들어 준다. 다섯째, 안전한 환경에서 다양하고 자유로운 피드백을 가질 수 있고 이러한 집단의 피드백은 개별의 전문가 1:1 관계에서 이루어지는 피드백보다 더욱 강력한 힘을 가지게 된다. 피드백을 통하여 집단원들은 새로운 기술과 행동을 집단에서 연습하고 습득하게 된다.

청소년들을 대상으로 하는 상담인 경우 집단이 가진 이점이 더욱 분명하게 나타난다. 청소년 상담에서 가장 큰 어려움은 청소년을 집단 프로그램에 참여하게 만드는 것이다. 성인들은 대부분 상담에 대해 동기화 되어 있는 경우가 많지만, 청소년들은 본인의 의사와 무관하게 학교나 기타 사회제도에 의해 의뢰되는 경우가 많다. 하지만 청소년이 가지고 있는 특성 중 하나인 또래에 대한 관심이 매우 높다는 것을 잘 활용한다면 청소년 참여와 관련된 어려움을 극복할 수 있다. 청소년은 또래와의 관계를 잘할 수 있는 방법과 함께할 수 있는 방법에 많은 관심을 가지고 있기 때문이다(천성문 외, 2004). 청소년기는 또래의 영향을 크게 받고, 소속감을 중요시하는 시기이다. 따라서 청소년들은 혼자 자신의 이야기를 하는 개인 상담보다 다른 또래와 함께 상담할 때 더 쉽게 이야기하기도 한다(이미숙, 2018). 청소년은 권위자에게 적대적인 반면, 다른 한편으로는 권위자의 인정을 받고 싶어한다. 집단상담에서 어른인 실천가의 인정과 수용을 받으며 청소년들은 성인과의 효과적인 상호작용 기술을 학습할 수 있게 된다. 집단 내에서 청소년들은 또래들과 의사소통하는 법도 배울 수 있고, 집단 지도자에게서 좋은 점을 본 받고, 안전한 분위기 속에서 새로운 행동을 실험해 볼 수도 있다(이장호, 김정희, 1998). 이러한 청소년 집단상담의 장점을 정리하면 다음과 같다(Ginott, 1985; Carrell, 2000).

- 청소년들은 누구도 자신과 같은 감정을 느끼지 못했을 것이며, 자신의 경험이 매우 독특하고 유일한 것이라고 생각하는 경향이 있다. 이때 비슷한 감정과 생각을 본인 이외에 다른 또래도 갖고 있음을 알게 되면 청소년들은 힘을 얻게 된다. 다른 친구와 새로운 경험을 시작하는 것이 덜 위협적이다.
- 또래 존재는 상담자와 청소년 사이의 바람직한 관계 형성을 촉진한다. 집단이 주는 힘의 균형은 개인 상담에서 나타날 수 있는 불신과 불안을 완화시켜준다. 집단에서 청소년들은 의존성과 독립성이라는 주제를 연습해 볼 수 있다. 청소년과 신뢰를 형성한 집단상담 지도자가 제공하는 안전한 구조 속에서 청소년들은 독립적인 행동을 실천해 보며 자유와 독립성을 경험해 볼 수 있다. 집단상담은 십대들에게 자신의 힘과 독립성을 발휘하게 하므로, 청소년들에게 이상적인 성인의 상을 제공해 준다.
- 집단은 환경의 허용 정도를 청소년이 인식하도록 촉진한다. 집단치료 과정에서 청소년의 자기중심적인 행동 문제가 해결될 수 있다. 청소년기는 자기중심적이며, 타인에 대한 배려가 적은 시기다. 그러나 집단은 이 같은 자기중심적 태도에 제한을 둔다. 집단에서는 자신만의 문제를 오래 다루는 것을 꺼리는 동시에 다른 집단원들은 자기중심적인 청소년들을 무시하게 된다. 이러한 상황은 자기중심적인 청소년의 행동을 변화하도록 한다. 그리고 청소년이 도움을 받을 뿐 아니라 도움을 주는 사람이 될 수 있다는 사실이 치료과정을 증진시킨다. 또래의 반응을 통해

청소년들은 자신들의 행동을 재평가한다.

- 집단상담은 또래들과 보다 만족스럽게 관계를 맺을 수 있는 새로운 방법을 발견하고 실험할 수 있는 확실한 사회적 장면을 제공한다. 집단상담은 십대들이 새롭게 터득한 사회기술을 연습할 수 있는 공간을 마련해 준다. 집단상담의 환경은 청소년들이 새로운 사회기술을 배우는 상황이 된다. 집단에서 실천가는 또래들 간의 상호작용을 관찰할 수 있으며, 이러한 상호작용이 일어날 때 필요에 따라 즉시 개입할 수 있다. 이 과정을 통해 청소년은 자기주장 훈련과 질투, 지루함 또는 분노 등과 같은 부정적인 감정을 다루는 방법 등을 연습하고 경험할 수 있다.

2) 청소년 집단 프로그램 과정

집단 프로그램을 기획하기 위해서는 집단의 특성을 고려하는 것이 매우 중요하다. 대상의 연령, 성별, 학년, 교육 수준, 문제의 유형에 적절하게 설계되어야 한다. 특히 개인의 삶에 있어 중요한 결정을 내리는 청소년기에 집단 프로그램은 청소년 자신의 한계를 검증하고 현실에 대한 상황을 실험하며, 더 나아가 성원간의 성장에 도움이 되는 기회를 가질 수 있어 더욱 중요하다(Akos, Hamm, Mack, & Dunaway, 2006).

청소년을 대상으로 하는 집단 프로그램의 구성은 다양한 연구에서 매우 다르게 제시되고 있지만, 공통적인 특성을 정리해본다면 적절한 집단크기는 집단의 목적이나 유형에 따라 다소 차이가 있으며, 상담집단이나 치료집단, 자조 집단, 성장 집단은 일반적으로 5-8명이 바람직하며 상황에 따라서는 3-12명 정도일 때 집단의 크기에 무리가 없다(강진령, 2012). 그러나 행동 통제가 어려운 청소년일 경우 4명 정도가 적당하며(안현복, 2008), 일반적으로 10-12명이 바람직하다. 아동과 청소년의 공격성 감소를 위한 집단상담 프로그램 효과성을 메타 분석한 연구에서도(유수정, 김희정, 2011) 5-8명의 집단일 때 가장 높은 효과 크기를 보였다.

집단 활동에서 집단의 종회기가 충분하지 않으면 집단 활동에서 습득한 내용을 프로그램 외의 장소에서 적용하는 데 한계가 있을 수 있다. 고등학생을 대상으로 하는 경우 학교생활 적응이나 자아존중감 향상을 위한 성장 집단은 총 8-10회기가 적당하지만(김춘실 외, 2009), 지지집단의 경우는 학년 기간 동안 지속적으로 진행되는 것이 효과적일 수 있다. 김계현 외(2002)의 연구에서는 국내 초등학생부터 성인까지 다양한 대상자를 중심으로 실시한 집단상담에 대한 메타분석 결과 총 10-14회기의 경우가 가장 큰 효과 크기가 있었다. 빈도는 대상에 따라 고려되어야 하며, 아동과 청소년일 경우 단시간씩 주 1회 이상 만나는 것이 효과적이지만, 일반 성인일 경우에 장시간씩 낮은 빈도로 만나는 것이 더 효과적인 것으로 알려져 있다(김창대, 권경인, 2000). 초등학생 집단은 주 1-2회가 적절하며, 고등학생 이상 집단의 경우 주 1회가 적당하다고 한다(강진령, 2012). 집단 프로그램의 빈도가 낮을 경우 집단원들의 역동성이 떨어지고, 반대로 집단의 빈도가 지나치게 잦을 경우 집단원의 흥미가 감소될 수 있기 때문이다.

집단상담의 회기당 진행 시간은 총회기와 마찬가지로 프로그램의 성과에 큰 영향을 미친다. 참여자의 집중력을 고려하면 주 1회 집단의 경우 약 40분이 적당하고, 학교 내 집단상담은 수업 시간과 유사하게 하는 것을 권장하고 있다(김창대, 권경인, 2000). 권경인과 조수연(2013)은 청소년 스트레스 감소 및 대처 집단 프로그램에서 1회기당 121분 이상 진행이 가장 효과크기가 큰 반면, 유수정과 김희정(2011)은 아동과 청소년의 공격성 감소를 위해 51-60분, 61-120분 순으로 효과크기가 있다고 보았다. 이정미(2012)는 청소년 대상의 현실치료 프로그램에서 가장 바람직한 집단상담 시간은 60-90분으로 제시되고 있다. 이와 같이 대상의 집중력을 고려하여 대상의 나이와 프로그램의 내용에 따라 청소년을 대상으로 하는 집단 프로그램은 40-120분까지 진행된다.

청소년을 대상으로 하는 집단 프로그램은 보통 4단계, 즉 준비단계, 시작단계, 작업단계, 종결단계를 거치게 된다. 단계별 주요과업 중심으로 정리하면 다음과 같다(김춘경 외, 2016).

① **준비단계** : 집단상담은 첫 회기가 시작되기 훨씬 이전부터 시작되어, 마지막 회기가 끝난 후에도 계속되는 과정이다. 일반적으로 집단상담을 할 때는 다음과 같은 단계로 진행된다. 다음에 설명하는 과정은 상황과 실천가의 판단에 따라 제외하거나 축소할 수 있으나 각 단계별로 점검은 필요하다.

■ 단계1 : 집단 프로그램과 관련하여 사람들의 욕구 알아보기

실천가는 기획하고자 하는 프로그램에 대한 청소년의 욕구가 있는지 알아야 한다. 실천가가 모든 사람에게 모든 서비스를 제공할 수는 없지만, 집단상담에 관한 기본 욕구를 분명히 평가하는 것은 매우 중요하며 집단 프로그램의 성패를 좌우한다.

■ 단계2 : 프로그램 계획서 작성하기

집단상담이 필요하다는 것을 결정한 후에는 대상자의 욕구를 위해 구체적으로 무엇을 할 것인지와 그것을 어떻게 진행할 것인지를 상세하게 기술한 계획서를 만들어야 한다. 일단 실천가가 계획서를 작성하고 나면 프로그램에 대한 확신을 가질 수 있으며 부모나 교사, 집단에 참여할 청소년들이 할 수 있는 많은 질문들에 답하는데 도움이 된다. 계획서에는 집단의 목적, 대상, 집단실천가, 시간, 장소, 절차와 기법 등에 관한 다양한 정보가 포함되어야 하고 이러한 정보는 프로그램의 대상과 공유되어야 한다. Gazda(1989)는 집단에 대해서 내담자가 다음과 같은 정보를 알아야 한다고 지적했다.

- 사용될 절차와 기본 접근과 그것이 사용되는 이유
- 집단과정에서 실천가의 역할
- 집단과정에서 집단원의 역할과 집단 참가에 따른 위험성
- 집단원들이 경험할 수 있는 불편 사항
- 집단과정에 참가한 결과로서 집단원들이 기대할 수 있는 것
- 집단에 참가하는 것의 대안으로서 집단원들이 고려할 수 있는 다른 방안

- 집단원이 언제라도 집단과정에 대해서 질문할 수 있다는 보장
- 집단원이 언제든지 집단상담에 참가하는 것을 취소할 수 있다는 보장과 참가를 거절할 수 있다는 보장 또는 집단과정 중에도 언제든지 참가를 할 수 있다는 보장

■ 단계3 : 집단원 모집을 위한 홍보하기

집단상담에 참가하기 원하는 집단원을 찾는 방법은 다양하다. 그중에서도 가장 좋은 방법은 청소년들을 직접 대면하여 모집하는 것이다. 그 외에 접촉을 많이 하는 부모, 교사, 다른 실천가들을 통해 모집하기도 한다.

■ 단계4 : 부모 · 보호자의 승인 얻기

많은 학교에서 청소년들이 집단상담에 참가하기 위해서, 부모나 법적 보호자의 문서화된 승인서를 반드시 제출해야 한다. 청소년들과 부모 · 보호자들이 참가 여부에 대해 현명한 결정을 내리도록 하기 위해서는 집단에 대한 구체적인 정보가 제공될 필요가 있다.

■ 단계5 : 사전 집단 면담하기

사전 집단을 면담하는 주요한 이유는 첫째, 청소년으로부터 동의를 받기 위해, 둘째, 청소년의 서약을 요청하기 위해, 셋째, 선정을 결정하는 데 있어서 도움이 될 자료를 획득하기 위해서다. 집단상담에 참여를 희망하는 청소년들을 개별적으로 면담하는 것은 매우 까다로울 수 있고 시간 낭비가 될 수도 있다. 면담을 할 때는 먼저 집단 참가에 대한 청소년들의 흥미와 기대를 미리 듣는 것이 좋다. 그리고 집단 역동을 생각하며 집단원의 선정을 고려해야 한다.

■ 단계6 : 집단원 선정하기

집단상담을 준비하는 데 있어서 가장 중요한 요소 중 하나는 누구를 집단원으로 구성할 것인가 하는 선정과 관련된 것이다. 집단이 어떤 집단원으로 형성되었는가가

집단상담 결과에 결정적인 영향을 미치기 때문에 집단원 선정은 집단실천가의 책임이다. 집단 작업을 순조롭게 함께할 수 있기 위해서는 집단원을 선정하는 데 있어서 집단원들의 동질성과 이질성의 요소가 고려되어야 한다. 특히 인터넷 중독과 같은 동질성 집단을 선정하는 것은 집단원이나 실천가 모두에게 부정적인 집단 경험을 초래할 수도 있다는 점을 각별히 유의하여야 한다. 모든 집단원들이 똑같이 부정적인 행동을 경험하고 있기에 긍정적인 모델을 볼 수 없게 되며, 집단에서 하는 작업의 가치가 부정적으로 흐를 수 있다. 이러한 점을 고려하여 인터넷 중독이라는 동질성 외에 다른 특성은 매우 다양하게 구성하는 것이 집단성과에 유리하다.

② **시작단계** : 시작단계에서는 집단의 목적, 일어날 일, 두려움, 기본적인 규칙, 편안함의 정도 그리고 집단 내용과 같은 주제에 대해 토론한다. 이 단계에서는 집단원끼리 서로를 아는 작업을 하며, 서로에 관해 나누고, 집단에서 편안함을 느끼는지를 평가한다. 시작단계는 첫 회기의 일부 시간, 혹은 2~3회기까지도 지속될 수 있고 집단에 따라 달라질 수 있다. 중용한 것은 집단원들이 서로 알고 편안함을 느끼는 것을 확인하고 다음 단계에 넘어가는 것이 중요하다.

■ 단계1: 편안한 분위기 만들기

집단의 목적이 분명하면 집단원 사이의 신뢰와 편안함 수준이 시작단계부터 높다. 그래서 실천가가 집단원들의 감정을 나눌 수 있도록 구조화만 잘 시킨다면, 쉽게 시작단계를 끝낼 수도 있다. 간혹 실천가들이 서먹서먹한 분위기를 풀어 주고 집단의 기본적인 규칙과 목표에 대해서 이야기하면서 시작단계를 오랫동안 끄는 경우도 있다. 실천가는 집단원들이 초기에 약간 불안을 가질 수 있다는 것을 예상해야 한다. 대부분의 청소년들은 집단에 대해 약간의 두려움을 갖고 있을 것이며, 아마도 왜 그들이 집단에 선택되었는지에 대해 궁금해 할 수 있다. 그리고 일부 청소년들은 웃음거리나 놀림거리가 되지 않을까 두려워할 것이다.

■ 단계2 : 집단목적 분명히 하기

청소년들은 집단상담에 대한 책을 읽은 적이 없고, 자신들이 집단상담 장면에서 '무엇을 할 것인지'에 대해 모른다. 따라서 실천가는 청소년의 수준에 맞게 이해할 수 있는 용어로 집단의 목적을 명확하게 이야기하는 것이 중요하다. 이것은 집단이 그 목적을 벗어나 헤맬 때도 역시 반복적으로 알려주어 성찰하도록 하여야 한다. 실천가는 집단상담의 초기 단계에 청소년들이 실천가나 서로에 대한 기대로 가득 차 있을 수 있다는 사실도 인지하여야 한다(Johnson & Johnson, 1987; Siepker & Kandaras, 1985). 집단상담과 목적에 대한 이해가 잘되었다면, 대부분의 청소년이 집단에서 매우 활발하게 활동에 참여할 것이다. 상담 집단은 일단 시작되면 휴식 시간도 상담의 일부가 될 수 있다.

■ 단계3 : 기본적 집단 규칙 만들기

집단이 전개됨에 따라, 집단 목적의 결여와 많은 신경질적인 반응이 생겨날 수 있다. 청소년들, 특히 의존적이고 자신감이 결여된 청소년들은 실천가 즉 권위자의 관심을 얻으려고 노력할 것이다. 대부분의 집단원들이 하는 초기 표현은 실천가를 향한 것이고, 다른 집단원들에게 하는 표현은 거의 없을 것이다(Siepker & Kandaras, 1985). 따라서 실천가는 집단 응집성을 증진하여야 하므로 집단원들이 서로에게 이야기하도록 반영하고 연결하며 요약해 주어야 한다.

청소년들은 다른 집단원과 싸울 때 실천가가 어떻게 반응하는지 알기 위해, 실천가를 잠시 쳐다본 후에 행동을 한다. 싸우거나 공격적인 행동뿐 아니라 상스러운 농담, 금기시하는(taboo) 말을 할 수도 있다. 이러한 상황에 대해 적절한 집단 규칙을 만들고 집단원 사이에 충분한 논의를 거쳐 합의에 이르도록 하는 것이 중요하다. 집단 규칙이 만들어지고 나면 청소년들이 집단의 구조를 탐색하고 집단 상황에 대한 허용을 지각하게 된다.

③ **작업단계** : 작업단계는 집단원들이 목표에 초점을 맞추어 활동하는 단계다. 이 단계에서 집단원들은 새로운 자료에 대해 배우고, 다양한 주제에 대해 철저히 논의하며, 과제를 완성하고, 개인적인 나눔을 갖고, 치료적인 작업에 참여한다. 이 단계는 집단과정의 핵심 단계로 집단원들이 집단 활동을 통해 유익을 얻는다고 느껴져야 한다. 청소년 상담에서는 8~12회기 정도가 적당하며, 8회기보다 적게 실시했을 경우에는 집단과정의 역동성을 충분히 깊이 있게 다루지 못한다. 작업단계 동안에 실천가는 집단의 내용과 집단과정 모두에 관심을 가져야 하고, 계속적으로 이 둘 사이에 적절한 균형을 맞추어야 한다. 일반적으로 실천가들은 과정을 무시하고, 단지 목적 및 내용에만 중점을 두는 경향이 있다. 몇 명의 집단원이 집단을 지배하는 것, 집단원들이 서로를 신뢰하지 못하는 것 또는 집단원들이 공격당하고, 비난받고, 열등의식을 느끼는 것과 같은 역동이 존재할 때는 집단과정에 좀 더 초점을 맞추어야 한다.

■ 단계1: 집단 목적에 맞는 과업 수행하기

실천가는 집단 프로그램의 목적을 달성하기 위한 구체적인 작업을 수행하게 된다. 이러한 작업을 시작함과 동시에 집단원 사이에 갈등이나 일탈, 대치 등이 나타날 수 있다. 이러한 국면에 실천가는 항상 직면할 준비가 되어 있어야 하고 집단원과 함께 집단의 목적, 규칙을 논의하는 과정을 거치게 된다. 실천가는 주기적으로 집단원들에게 집단의 가치를 인식하게 한다. 실천가는 집단원들에게 집단이 이득이 되지 않는다면 이를 조정해야 한다.

작업단계에서 주로 사용되는 중요한 기술로는 중단시키기, 유도하기, 유지하기, 이동하기, 초점 심화하기 등이 있다. 청소년을 위한 집단상담에서는 다양한 음악, 미술, 문학, 게임, 놀이 등을 사용할 수 있다. 이들 기법이 사용될 때 함께 사용할 수 있는 기술로는 토론을 위한 주제 소개하기, 형태(format) 바꾸기, 자료와 할당과제 이외의 것을 사용하기, 개별적으로 집단원들과 만나기, 미리 집단원에게 집단 종결을 알려 주기 등이 사용될 수 있다. 실천가는 작업단계에서 흔히 과잉 지도(overleading),

과소 지도(underleading), 워밍업 부분을 너무 길게 지속하는 것, 초점을 너무 자주 변경하는 것, 한 명에게 너무 길게 집중하는 것, 단지 한두 명에게만 집중하는 것, 한두 가지 활동만 계획하는 것, 활동을 진행시켜 나가는 데 충분한 시간을 제공하지 못하는 것 등의 실수를 할 수 있다(Jacobs et al., 2002).

■ 단계2 : 집단 역동 촉진하기

작업단계 동안에 실천가는 집단원들이 느끼고 있는 신뢰 수준을 인식할 필요가 있다. 긍정적인 환경일 때 신뢰가 가장 많이 향상되며, 실천가는 집단원들이 다른 집단원들에게 지지와 관심을 표현하도록 격려 하면서, 다른 사람을 공격하는 것과 비난하는 것을 중지시켜야 한다. 실천가가 계속 신뢰를 향상시키지 못한다면, 신뢰 수준이 떨어질 것이고, 집단원들이 불편함을 느끼게 될 것이다.

실천가는 집단원의 흥미와 참여 수준에 대한 평가해야 한다. 이 평가를 위해 실천가는 출석과 지각의 빈도를 조사하고 회기 전체를 통해 에너지를 조사한다. 집단원의 흥미가 감퇴하는 것이 보일 때, 실천가는 모든 사람들에게 흥미가 감퇴되는 것인지, 단지 몇 명의 집단원만이 그런 것인지를 평가해야 한다.

실천가는 각 집단원들의 참여 빈도와 참여 스타일에 대해서도 관심을 가져야 한다. 집단에 참여하는 데 올바른 방법은 없지만, 단지 관찰이나 가끔씩 이야기 하는 것보다는 대부분 집단원들의 적극적인 언어적 참여가 훨씬 좋다. 실천가는 집단원을 더 참여시킬 필요성을 느낄 것이다.

④ **종결단계** : 종결단계는 집단의 종결에 초점을 둔다. 이 단계에서 집단원은 그들이 배웠던 것, 그들의 변화 그리고 배운 바를 어떻게 실제 생활에 적용할지에 대한 계획을 함께 나눈다. 집단원들이 타인들과 함께하는 과정에서 배운 것을 재검토 한다.

■ 단계1 : 종결하기

일부 집단원들은 상담이 끝나 간다는 것을 알고 슬픔을 표현할 것이다. 학교나 가정에서 거부를 경험했던 청소년들의 경우 특히 그러하다. 그들은 집단의 실천가나 집단의 지지를 잃는 것을 걱정하며, 종종 집단이 유지되기를 요청한다. 실천가들은 집단의 마지막에 나타날 수 있는 불안감을 다루어야 한다. 실천가들은 적절할 때 긍정적인 피드백과 격려의 기법을 적극적으로 사용해야 한다.

■ 단계2 : 추후 지도하기

마지막 회기 후 약 4~8주가 지난 후에 추후지도를 하는 것이 적당하다. 이 지도는 청소년들에게 그들의 성취와 집단에서 일어났던 일에 대한 생각을 나누는 기회를 가지게 하고, 집단에서 중요하게 다룬 점을 앞으로도 어떻게 지속할지에 대한 새로운 아이디어를 제공한다. 또한 추후지도는 청소년들이 행동 변화의 목표를 달성하는 것, 새로운 목표를 정하는 것, 방해를 극복하는 것에 관해서 상호 간의 지지를 제공해 줄 수 있다. 청소년들이 행동 변화를 재다짐하고 서로 격려함으로써 도움을 받는다.

2. 인터넷 중독 청소년을 위한 개입

청소년 인터넷 중독의 심각성이 대두되면서 다양한 해결책을 위한 노력이 있었고, 그 일환으로 여러 분야에서 집단 프로그램이 개발되었다(권희경, 권정혜, 2002; 이형초, 2001). 현재 국내에서 개발한 청소년 인터넷 중독 프로그램은 2000년 이후부터 총 200여개로 다양하고 사회복지학, 교육학, 심리학, 청소년학 등 다양한 분야에서 개발된다.

인터넷 중독 청소년에 개입하는 실천가들은 다양한 프로그램을 증거기반에 근거하여 분석하고, 본인이 개입할 청소년의 특성과 상황에 적절할 프로그램을 선택해야 한다. 현재까지 보고된 집단상담 프로그램은 주로 인지행동, 자기조절, 현실치료, 미술 및 예술치료, 통합적 접근에 기반하고 있다. 그리고 단일프로그램으로 접근하기보다는 가족상담, 부모교육 등과 연계한 경우 효과가 증가하였다. 그리고 초등학생과 중학생보다는 고등학생을 대상으로 할 때 인터넷 중독 감소의 효과가 큰 것으로 보고하였다. 또한 60분 이하의 프로그램 운영시간과 10회 이상의 회기를 운영하는 것이 효과적이라고 보고하였다(김희영, 조미경, 2015; 박승민, 2009; 오익수, 김철, 2009). 이외에도 인터넷 중독 프로그램에 병행하여 대인관계기술 향상이나 자아존중감 향상을 목적으로 하는 프로그램을 병행하여 실행하기도 한다(정상욱, 2003).

3. 청소년의 인터넷 중독 원인

인터넷 중독에 대해 효과적인 대처방법을 모색하기 위해 사람들은 인터넷 중독을 일으키는 원인이 무엇인가에 대해 고민하기 시작하였다. 초기 연구에서는 심리학적 관점에서 인터넷 중독자들의 심리사회적 특성에 대한 연구(송원영, 1998; 이소영, 2000; 엄옥연, 2011)가 주를 이루었으며, 이후에는 심리적 특성과 가족관련 요인(박구연, 2001; 김기숙, 2009), 최근에는 개인요인, 가족요인, 사회 환경과의 상호작용을 보고자 하는 생태체계학적 변인을 고찰한 연구가 보고되었다(류진아, 2003; 이지항, 2005; 부정민, 2007; 조민자, 2011). 한편으로 뇌 과학의 발달은 뇌의 기질적인 원인이 인터넷 중독을 일으키는 것이 아닌가에 대한 연구들이 제시되고 있다. 하지만 선행연구들의 결과를 종합해보면 무엇이 인터넷 중독의 원인인지, 아니면 결과로 나타난 증상인 것인지, 위험요인 혹은 보호요인의 결핍인 것인지에 대해 의문이 제기될 수밖에 없다. 따라서 인터넷 중독의 원인이라기보다는 인터넷 중독자들의 특성으로 파악하는 것이 적절하다는 주장도 있다. 이러한 주장에 기반하여 다양한 인터넷 중독으로 이르는 경로모델을 제시하는 연구도 있다.

1) 개인적 특성요인

청소년 인터넷 중독에 가장 유력한 특성은 성별과 연령이다. 인터넷 중독은 남학생이(손성원, 2002; 윤재희, 1998; 한복희, 2001) 여학생이나 성인보다 중독 경향이 더 높았다. 남학생들이 여학생들보다 인터넷게임을 많이 하고, 학년이 높아질수록 인터넷 중독이 증가한다(김형준 외, 2002).

심리적 변인으로 주로 제시되는 것은 자기 효능감과 자기 조절감이다. 자기효능감은 자신의 상황을 스스로 극복할 수 있고 성공적으로 수행할 수 있는 신념이다. 현실에서 효능감이 낮다면 가상공간으로의 참여가 많아지게 된다. 자기조절은 큰 만족을 얻기 위해 욕구를 지연할 수 있는 것이다. 청소년은 즉각적 만족을 추구하고 충동적이며 집중력이 부족해 쉽게 인터넷에 중독된다. 자기통제력 상실은 인터넷 중독으로 발전하는 핵심적인 요인이다(이계원, 2001; 이현아, 2004).

다음으로 스트레스가 많거나 취약한 경우 인터넷 중독이 될 가능성이 높다. 청소년기에는 학업, 학교에 대한 스트레스, 가족과의 스트레스, 대인관계, 진로에 대한 어려움이 두드러지고, 이에 대한 스트레스가 높아질수록 인터넷 중독에 빠질 가능성이 높다(아영아, 정원철, 2010). 인터넷 중독군과 일반군을 나누어 스트레스 차이를 분석한 결과 중독군이 일반군보다 스트레스를 더 많이 받는 것으로 나타났다(홍설화, 2006). 뇌의 생성 물질이나 뇌 회로상의 차이가 있었음을 밝히는 연구들이 다수 있다. 신경인지분야에서는 인터넷 중독의 원인을 뇌 기질상의 이상으로 본다. 인터넷 중독 군에서 도파민 D2 수용체의 효용성이 낮은 것으로 나타나 인터넷 중독과 신경회로와의 관련성에 대해 시사하였다(최삼욱, 2014). 도파민은 뇌에서 만들어지는 신경전달물질이다. 이것은 중독에 매우 중요한 역할을 하는데 이는 사람에게 도파민을 갈망하는 것이 높을수록 그것을 하지 못하게 될 때 절망이나 불안이 커진다. 연구자들은 인터넷 사용은 시각 자극, 보상 약속, 보상의 비예측성과 같은 기전을 통해 도파민의 분비를 자극한다고 보고하였다. 인터넷 보상은 새로운 게임레벨 상승, 관심 컨텐츠의 접근, 소셜 미디어의 포스팅 등으로 다양하게 나타난다.

다른 질환과의 연계성을 주장하는 연구도 있다. 주의력결핍 과잉행동장애 혹은 전두엽 장애를 가진 청소년이 뇌의 미성숙으로 인한 충동성 및 동기-보상 관련 회로의 교란과 연관되어 인터넷 중독이 되는 경우가 많다(이해국, 2012). 인터넷 중독 청소년과 일반 청소년에서 지능검사를 시행하여 비교한 연구에서 인터넷 중독 청소년은 도덕적 판단 및 현실 판단을 반영하는 이해도 항목에서 낮은 점수를 보였으며, 인터넷 중독의 시작연령이 낮고 인터넷 중독 기간이 길수록 집중력 관련 항목에서 낮은 점수를 보였다(최삼욱, 2014). 이와 같은 연구결과들은 변인들이 인터넷 중독과의 상관성이 높음을 보여주는 것일 뿐 인터넷 중독의 원인으로 보기에는 많은 논란이 있다.

2) 가족적 요인

가족요인으로 제시되고 있는 요인은 양육태도, 부모-자녀 간 의사소통, 부모의 감독, 가족의 지지 등이다. 장재홍(2004)은 부모의 양육태도에 있어서 심리적인 결여, 무관심, 부당한 압력을 가할 때 청소년이 인터넷 중독에 노출된다고 하였고, 최나야와 한유진(2006)의 연구에서는 부모와의 부정적인 의사소통이 인터넷 중독 수준을 높이는 중요한 요인으로 확인하였다. 부모의 양육태도가 비합리적이고, 자녀들이 부모에게 적대적일 때 인터넷 중독의 수준이 높아진다. 이것은 악순환으로 작용하여, 청소년들은 중독 경향이 높을수록 부모에게 인정받지 못하고 그로 인해 인터넷의 중독에 빠지게 된다.

부모와 자녀의 의사소통은 청소년기의 자녀가 자아를 형성하고 장래 희망을 계획하고, 인성을 발달하는데 영향을 준다. 연구들에 의하면 부모와의 대화에 어려움이 있을 경우 인터넷 음란물 접촉경험이 높으며, 게임중독 청소년이 많다(이재휘, 2010). 부모의 감독 또는 통제도 매우 중요한 요인이다. 부모가 평소 자녀에 대한 관심을 가지고 자녀가 있는 곳, 하는 일 친구 관계 등에 대해 잘 파악한다면 자녀에 대해 적절한 감시와 통제가 가능하다. 하지만 부모가 일관성이 없고 일방적인 훈육을 할 경우 인터넷에 쉽게 중독된다. 특히 가족 구조 자체가 취약한 경우 즉 한부모 가정, 저소득층 가정의 자녀가 인터넷 중독에 더욱 취약하다는 결과를 제시한 연구도 있다(한국정보화진흥원, 2015).

3) 인터넷 특성 요인

인터넷이라는 플랫폼과 인터넷 매체에 담긴 콘텐츠의 특성이 중요한 영향을 준다. 물론 기본적으로 인터넷 자체는 중립적이다. 하지만 인터넷 매체는 높은 접근성 및 허용성, 선정성과 폭력성 혹은 사행성을 포함한 자극적인 콘텐츠를 가지고 있으며, 계속되는 시간적 무한성, 그리고 시간 왜곡 등의 해리 현상, 익명성, 탈억제성, 즉각적 만족성 등이 잠재적인 중독적 요소이다(Greenfield, 1999; Young, 1998).

청소년들은 이러한 중독적 요소에 성인에 비해 취약하다. 청소년들은 인터넷 공간에서는 자신의 성별, 이름, 나이를 숨기고 그동안 경험하지 못한 것에 대해서 접할 수 있기 때문에 더 매력을 느끼고, 현실적으로 불가능한 것을 경험하고자 하는 욕구를 충족시켜주면서 중독된다. 인터넷 중독자들은 높은 공격성을 보이는데 인터넷이라는 공간은 개인의 다양한 감정을 표현익명성이라는 특성에 의해 공격성을 표출할 수 있는 좋은 공간이다(Suler, 1998). 그리고 전자기술이 발달하면서 가상공간에 현실감을 증대시켜 오히려 현실지각의 수준이 낮아지게 된다. 인터넷 이용 시간이 길어질수록 현실세계와 가상세계를 구분하지 못하게 되며, 심리적, 신체적 금단 증상이 동반되고 스스로 판단하기 어렵게 되면서 새로운 인간소외 현상을 만들고 있다.

4) 학교 및 사회적 요인

청소년에게 학교는 매우 많은 영향을 미치는 사회 환경이다. 청소년들은 학교에서 느끼는 학업에 대한 스트레스가 크며 이에 대한 분출구로 인터넷에 의존하는 경향이 있다. 인터넷은 청소년들이 스트레스를 해소할 수 있는 놀이공간이 되었다(홍윤선, 2005). 오원옥(2004)의 연구에서는 학업성적이 낮을수록 컴퓨터 게임 중독정도가 높은 것으로 보고하였으며, 이해경(2002)의 연구에서도 학업이나 학교생활에 부적응하는 학생들이 인터넷 중독에 빠질 가능성이 높다고 하였다.

그 외에도 학교부적응, 또래관계 미성숙, 낮은 친구관계의 질, 집단 따돌림과 같은 요인에 의해 인터넷 중독에 쉽게 빠져든다. 친구들과 관계를 유지하기 위해 인터넷에 더욱 몰입하게 된다(오익수, 2003). 전춘애 외(2008)의 연구에서는 친구와의 긍정적인 상호작용이 인터넷 중독 수준을 낮추는데 긍정적인 영향을 미치는 것으로 보고하였다. 교사의 지지, 학교에 대한 흥미도 인터넷 중독의 중요한 보호요인으로 지적되고 있다. 교사로부터 받는 정서적 지지가 높을수록 인터넷 중독 경향이 낮아진다(이계원, 2001; 이숙진, 김형모, 2009).

〈표 2-1〉 인터넷 중독의 영향요인

위험요소	세부 요인
개인적 특성요인	성별, 학년이 높아질수록 자기 효능감, 자기존재, 자기통제력이 낮음
	스트레스가 높거나 스트레스에 취약한 경우
	뇌 기질상의 이상
	뇌의 미성숙을 인한 질환(ADHD, 발달장애 등)
가족의 요인	부정적이거나 비합리적 양육태도
	부모–자녀 간 역기능적 의사소통
	가족의 지지가 낮을 경우
인터넷 특성요인	접근성과 허용성이 높음
	자극적인 컨텐츠(선정성, 폭력성, 사행성 등)에 노출 높음
	익명성/ 즉각적 만족성이 높음
	컴퓨터 관련 취미가 있는 경우
학교 및 주변 사회 요인	학업스트레스 높음
	친구관계(집단 따돌림, 또래관계 미성숙) 미성숙 함

5) 통합적 경로 모형 관점

인터넷 중독은 다른 중독성 질환과 같이 생물-심리-사회적 측면의 다양한 요인의 상호작용으로 인하여 발생한다. 즉 다른 질환의 공유 질환으로 나타나기도 하고 인터넷 중독의 결과로 다른 질환이 동반되기도 한다. 또한 단순하게 인터넷 중독의 위험요인도 있지만 어떠한 요인에 대한 결핍으로 나타나기도 해서 위험요인과 보호요인의 경계가 모호하다. 이러한 관점에서 단순하게 인터넷 중독의 위험요인에 초점을 두기보다는 인터넷 중독에 이르게 되는 다양한 경로에 대한 선행연구들이 다수 보고되고 있다. 본 저서에서는 인터넷게임 중독의 경로 모델인 Blaszczynski와 Nower의 모형을 기본으로 인터넷 중독의 특성을 감안하여 [그림 2-1]과 같이 수정하였다. [그림 2-1]에서 화살표는 보고되고 있는 선행연구에서 설명된 인과관계를 나타내고 있다.

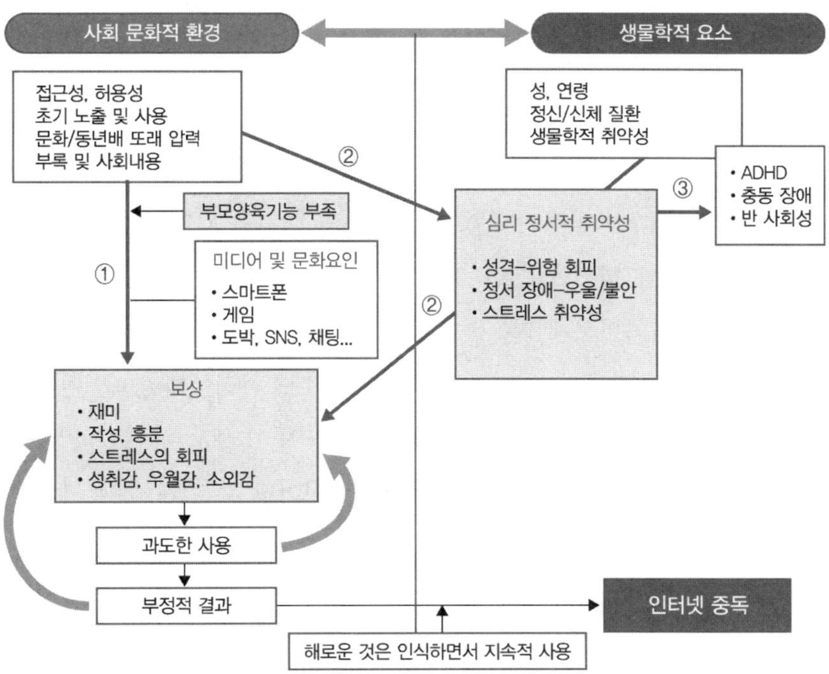

[그림 2-1] 인터넷 중독의 통합적 경로 모델

가장 보편적으로 설명되는 유형은(①) 정신 병리를 거의 보이지 않으며, 흥미나 청소년들과의 사교 목적으로 인터넷에 집중하기 시작한다. 추가적으로 부모의 양육기능이 약하거나 공백이 있는 경우 좀 더 쉽게 중독에 이르게 된다. 인터넷망의 보급과 기술의 발달, 스마트폰의 보급 등은 언제 어디서나 인터넷망에 접근하여 이용할 수 있게 되었다. 연령에 대한 장벽도 무너져 아주 어린 나이부터 인터넷을 비롯한 여러 스마트 기기들을 이용할 기회가 늘어나게 되었다. 이들은 점점 더 중독성이 강한 인터넷 앱에 대한 갈망이 있고 반복 노출됨으로써 왜곡된 인지와 비합리적인 판단을 보이고 일상생활에서의 자신의 통제력을 상실하게 된다. 이들은 일시적으로 우울이나 불안 혹은 다른 행동 장애 등을 보일 수 있으나 이는 인터넷 중독의 원인이기보다는 중독의 부작용인 경우가 많다. 이 집단은 변화나 치료에 대한 자발적 동기와 보호요인이 충족되면 원래의 기능으로 회복되는 경우도 있으며, 치료적 개입을 따르는 정도도 높아 예후도 좋다. 이러한 집단의 경우 인터넷 사용에 대한 교육과 인터넷 중독에 대한 예방교육의 효과가 크게 나타나는 유형이다.

다음 경로는(②) 심리 정서적으로 취약성이 전제되어 있는 집단이다. 공통적으로 자존감이 낮아 우울이나 불안 정도가 높으며 스트레스에 취약하다. 이들은 공통적으로 청소년기 부정적인 가족의 환경이나 생활사건 등의 배경을 가지고 있어 이에 대한 치료나 극복이 되지 않아 현실에 대한 회피의 수단으로 인터넷에 몰입하기 시작한다. 이들이 주로 인터넷에 몰입하게 되는 이유는 일차적으로 부정적인 기분 혹은 부적절감이나 열등감으로부터의 탈출과 같은 심리적 욕구를 해소하려는데 있다. 이들에게 인터넷은 정서적으로 도피하는 하나의 수단이 된다. 인터넷이 주는 흥분이나 스릴감은 불안과 우울 혹은 스트레스와 같은 부정적 감정에서 벗어날 수 있게 하는 부적 강화물로 작용한다. 주변 친구들의 압력과 문화 또한 모방과 또래 압력을 통해 상호 행동을 결정하게 이르는 사회적 강화물로 작용하게 된다. 특히 인터넷 상의 동호회나 게임 모임방 등의 채팅은 이들에게 성취감, 우월감, 사교 및 소속감 등 다양한 보상을 준다. 이들은 정서적 취약성과 대처 기술의 부족으로 치료적 변화에 보다 저항적이다. 그리고 이들의 심리적 기전을 이해하지 못한다면 설령 인터넷 중독에 대한 개입이 성공적이었다

하더라도 다른 중독성 질환으로 이전될 가능성이 높다.

마지막 유형은(③) 심리사회적이고 생물학적인 취약성을 배경으로 하고 있으나 두 번째 경로와는 달리 충동성과 주의력 결핍, 무료함에 대한 낮은 인내력, 자살 생각과 행동, 일탈 행동, 범죄 행동, 다른 중독 행동 등의 병적 경향성을 보인다. 이들은 다른 유형에 비해 조기에 인터넷을 시작하고, 심각한 게임 중독의 문제가 다수 보인다. 이들은 기타 정신 병리인 ADHD, 충동성 장애, 반사회성 인격 장애를 동반하는 경향이 높다. 인터넷 몰입이 강력한 일상의 습관으로 자리를 잡는다. 이제는 의식적인 스릴 추구나 왜곡된 생각이 없어도 자동적이며 습관적으로 인터넷을 하게 된다. 인터넷 관련 단서에 노출되어 관련되는 뇌신경회로가 일단 점화되고 하고 싶은 충동과 갈망이 발생해서 강박적으로 인터넷에 탐닉하게 된다. 이들은 치료에 대한 자발적인 참여 동기가 매우 낮으며 다른 유형에 비해 가장 나쁜 예후를 보인다.

4. 인터넷 중독 청소년의 선별 및 평가

청소년 인터넷 중독에 대한 진단은 그리 간단하지 않다. 물질의존과 달리 청소년은 인터넷을 통하여 학습활동이나 일상생활의 과업을 수행하기도 하고, 취미생활까지도 한다. 인터넷의 실용적 용도로 인하여 인터넷 중독의 위험신호들은 쉽게 가려지거나 정당화 될 수 있다. 인터넷 중독 청소년의 경우 인터넷 중독에 대한 치료요청이 보다 일반화되고는 있지만 대체로 인터넷 중독문제를 청소년 스스로가 인정하는 것은 쉬운 일이 아니다. 병원을 찾는 청소년의 경우 주로 초기에 임상적 우울, 양극성 장애, 불안이나 강박성 등에 대한 증상들을 주로 호소하고, 치료 중반 이후에 인터넷 남용에 대해 진단하곤 한다(Young et al, 신성만외 번역, 2013). 최근 미국정신의학회에서는 DSM-V에 병적 컴퓨터 사용이라는 진단을 포함할 것을 고려중이라고 하면서 진단에 다음과 같은 요소가 포함될 것을 제시하였다(Block, 2008).

① **과도한 사용** : 시간 감각의 상실이나 기본 욕구에 대한 태만과 연결되어 있다.

② **금단** : 컴퓨터에 접근할 수 없을 때 분노감이나 긴장감, 우울을 보인다.

③ **내성** : 더 좋은 컴퓨터, 프로그램 등에 대한 욕구를 보인다.

④ **부정적 영향** : 갈등, 거짓말, 성취부족, 사회적 고립, 피로 등이 포함된다.

1) 인터넷 중독 측정도구

전 세계적으로 가장 널리 사용되고 있는 척도는 Young의 인터넷 중독 척도를 기본으로 하고 있지만 나라마다 자신의 상황에 맞게 문항 내용을 수정하고 타당도 연구를 통해 활용하고 있다. 우리나라에서도 한국정보화진흥원에서 Young의 척도를 기반으로 하여 2002년 한국형 인터넷 중독 자가진단 검사를 40문항으로 개발하였다. 이후 문항이 과다하여 척도의 신뢰도에 어려움이 있어 20문항으로 축약하였다. 그리고 광범위한 인터넷 사용의 의존보다 게임중독의 특수한 상황에 대해 사정해보기 위한 인터넷 게임중독 척도를 개발하여 활용하였다.

최근에는 인터넷 매체에서 더 나아가 스마트폰 중독 척도를 2011년부터 한국정보화진흥원에서 개발하여 보급하였고, 교육체계에서도 적극적으로 활용하여 표준화되어가고 있다. 이후 후속작업을 통하여 단축형 및 유아용, 성인용 등 다양한 척도를 개발하였다. 대부분의 선별용 척도들이 자가평가 척도로 되어 있어, 중독 집단의 부족한 자가 인식을 고려하면 항상 전문가의 임상적 진단이 병행되어야 함을 알 수 있다. 실천 현장에서는 인터넷 중독만을 측정하기보다는 자기통제, 자아존중감, 회복력, 정신건강, 사회적응 등을 부수적인 자료로 활용하여 치유 및 효과측면을 고려하고 있다.

다음에 제시하고 있는 척도지를 활용할 때 솔직하게 답변할 것을 우선 요청한다. 청소년이 자신의 과업과 관계없이 인터넷에 소비한 시간만을 고려하여 답변할 것을 고지한다.

(1) Young의 인터넷 중독 척도

본 척도는 인터넷 중독 여부를 가리기 위해 Young의 온라인 중독센터에서 만든 인터넷 중독 검사를 윤재희(1999)와 정선태(2001)가 번안한 것을 수정하고 보완한 것이다. 총 20문항으로 구성되어 있으며, 각 문항의 내용은 인터넷이나 통신사용과 관련된 강박적 행동, 경제적 어려움, 학업부진, 가정 소홀, 대인관계, 정서적 변화 등을 포함하고 있다. 5점 척도로 구성되어 있고, 합계가 50 이상이면 과도한 인터넷 사용으로 인한 문제가 심각함을 나타낸다고 보았다. 측정 대상은 초등학생, 중학생, 고등학생을 포함한다. 사용한 연구에서 밝히고 있는 신뢰도는 .075이다.

〈표 2-2〉 Young's internet addiction test(인터넷 중독 척도)

번호	문항	1	2	3	4	5
1	처음 마음먹었던 것보다 더 오래 인터넷을 하게 된다.					
2	인터넷으로 시간을 보내느라 해야 할 일을 소홀히 한다.					
3	친구와 노는 것보다 인터넷 하는 것을 더 좋아한다.					
4	인터넷을 통해 새로운 사람을 사귄다.					
5	인터넷에 시간을 빼기는 것에 대해 가까운 사람들이 불평한다.					
6	인터넷에 시간을 빼겨 성적이나 학교 일에 지장을 받는다.					
7	공부나 해야 할 일을 하기 전에 이메일부터 먼저 확인한다.					
8	인터넷 때문에 학습 능률이 떨어진다.					
9	다른 사람이 인터넷으로 무엇을 하느냐고 물어 볼 때 숨긴다.					
10	현실의 골치 아픈 생각을 잊기 위해 인터넷을 하게 된다.					
11	다시 인터넷을 하기를 기대하는 자신을 발견한다.					
12	인터넷이 없다면 생활이 지루하고, 허전하며, 기쁨이 없을 것이라고 걱정한다.					
13	인터넷 접속 중 다른 사람이 방해하면 소리를 지르고 화를 낸다.					
14	밤늦게까지 인터넷을 하느라 잠을 못 잔다.					
15	인터넷을 하지 않을 때에도, 인터넷에 대한 생각으로 꽉 차 있거나 접속하는 것을 상상한다.					

번호	문항	1	2	3	4	5
16	인터넷을 할 때'조금만 더하고 그만두어야지'라고 생각하면서도 계속한다.					
17	인터넷 하는 시간을 줄이려고 노력하지만 실패한다.					
18	인터넷을 얼마나 오래 했는지 숨기려고 한다.					
19	남들과 밖에서 놀기보다 인터넷으로 시간을 보내는 것을 택한다.					
20	인터넷을 하지 않을 때에는 우울하고 울적해지거나 신경이 날카롭다가도, 인터넷을 하게 되면 그런 기분이 사라진다.					

출처 : Young(1999). KS. Internet addiction: symptoms, evaluation and treatment. Innovations in clinical practice: a source book 17:19-31.

(2) 청소년 스마트폰 중독 자가진단 척도

본 척도는 총 15문항으로 일상생활장애, 가상세계지향성, 금단 내성의 개인 하위요인으로 구성되어 있다. 일상생활장애는 스마트폰을 과다하게 사용하여 가정, 학교, 직장 등에서 생활의 문제를 일으키는 상태이며 가상세계지향성은 주변 사람들과 직접 현실에서 만나서 관계를 맺기보다는 스마트폰을 통해 관계 맺는 것을 편하게 생각하는 것이다. 금단은 스마트폰을 과다하게 사용하여 스마트폰이 옆에 없으면 불안하고 초조함을 느끼는 현상이며 내성은 스마트폰을 사용하는 시간이 점차 증가하여 나중에는 스마트폰을 많이 사용해도 만족감을 느끼지 못하는 상태를 말한다(한국정보화진흥원, 2011). 각 문항마다 Likert식 4점 척도를 사용하여, '전혀 그렇지 않다'1점, '그렇지 않다'2점, '그렇다'3점, '매우 그렇다'의 4점으로 구성되어 있으며 8.10.13번은 역문항이다. 점수가 높을수록 중독 경향성이 높음을 의미한다. 점수 결과에 따라 '고위험사용자군', '잠재적위험사용자군', '일반사용자군'으로 분류될 수 있다. 측정 대상은 초등학생, 중학생, 고등학생 대상으로 적용된다. 원 검사에서 보고된 스마트폰 중독 자가진단 척도의 신뢰도 계수는 .88이다.

〈표 2-3〉 청소년 스마트폰 중독 자가진단 척도

■ 다음은 스마트폰 사용에 관한 질문 사항입니다 아래의 내용을 읽고 자신에게 가장 맞는다고 생각하는 문항에 빠짐없이 표시를 해주시기 바랍니다.

번호	항 목	전혀 그렇지 않다	그렇지 않다	그렇다	매우 그렇다
1	스마트폰의 지나친 사용으로 학교성적이 떨어졌다.				
2	가족이나 친구들과 함께 있는 것보다 스마트폰을 사용하고 있는 것이 더 즐겁다.				
3	스마트폰을 사용할 수 없게 된다면 견디기 힘들 것이다.				
4	스마트폰 사용시간을 줄이려고 해보았지만 실패한다.				
5	스마트폰 사용으로 계획한 일(공부, 숙제 또는 학원수강 등)을 하기 어렵다.				
6	스마트폰을 사용하지 못하면 온 세상을 잃은 것 같은 생각이 든다.				
7	스마트폰이 없으면 안절부절 못하고 초조해진다.				
8	스마트폰 사용시간을 스스로 조절할 수 있다.				
9	수시로 스마트폰을 사용하다가 지적을 받은 적이 있다.				
10	스마트폰이 없어도 불안하지 않다.				
11	스마트폰을 사용할 때 그만해야지 라고 생각은 하면서도 계속한다.				
12	스마트폰을 너무 자주 또는 오래한다고 가족이나 친구들로부터 불평을 들은 적이 있다.				
13	스마트폰 사용이 지금 하고 있는 공부에 방해가 되지 않는다.				
14	스마트폰을 사용할 수 없을 때 패닉상태에 빠진다.				
15	스마트폰 사용에 많은 시간을 보내는 것이 습관화되었다.				

출처 : 한국정보화진흥원, 인터넷 중독대응센터(https://www.iapc.or.kr/)

(3) 청소년 인터넷 중독 척도(KS)

정보통신부의 인터넷중독 자가진단검사(K척도)는 청소년이 작성하기에 너무 길기 때문에 한국정보화진흥원에서(2007)는 간략형 청소년 인터넷 중독 척도(KS척도)를 개발하였다. 청소년의 인터넷 중독의 척도(KS)는 4점 Likert척도의 자기보고식 척도로 총

20문항이며, 일상생활장애, 긍정적 기대, 금단, 가상적 대인관계 지향성, 일탈행동 및 내성의 6개 하위요인으로 구성되었다. 김동일 외(2008)는 중학생의 경우 47점 이하는 일반사용자군, 48~52점은 주의사용자군, 53점 이상은 고위험군으로 분류할 것을 제안하였고, 연구에서 보고된 내적 일관성 계수(Cronbach's α)는 .96이다.

〈표 2-4〉 청소년 인터넷 중독 척도(KS)

번호	내용	1= 전혀 아니다	2= 아니다	3= 그렇다	4= 정말 그렇다
1	처음에 마음먹었던 것보다 더 오래 인터넷을 하게 된다.				
2	인터넷으로 시간을 보내느라 다른 해야 할 일을 소홀히 한다.				
3	가장 친한 친구와 노는 것 보다 인터넷을 하는 것을 더 좋아한다.				
4	인터넷을 통해 새로운 사람을 사귄다.				
5	인터넷으로 많은 시간을 보내는 것에 대해 가까운 사람들은 불평한다.				
6	인터넷으로 많은 시간을 보내기 때문에 성적이나 학교일에 지장을 받는다.				
7	공부나 해야 할 일을 하기 전에 이메일부터 먼저 확인한다.				
8	인터넷 때문에 학습능력이 떨어진다.				
9	다른 사람이 인터넷으로 무엇을 하느냐고 물어 볼 때 숨긴다.				
10	현실의 골치 아픈 생각을 잊기 위해 인터넷을 하게 된다.				
11	다시 인터넷을 하기를 기대하고 있을 때가 있다.				
12	인터넷이 없다면 지루하고, 허전하며, 기쁨이 없을 것이라고 생각한다.				
13	인터넷 접속 중에 다른 사람이 방해하면 소리 지르고 고함치거나 막 화를 낸다.				
14	밤늦게까지 인터넷을 하느라 잠을 못 잔다.				
15	인터넷을 하지 않을 때고 인터넷에 대한 생각으로 꽉 차있거나 접속하는 것을 상상한다.				
16	인터넷을 할 때 "조금만 더 하고 그만 두어야지"라고 생각하면서도 계속한다.				

번호	내용	1= 전혀 아니다	2= 아니다	3= 그렇다	4= 정말 그렇다
17	인터넷을 하는 시간을 줄이려고 노력하지만 실패한다.				
18	인터넷을 얼마나 오래 했는지 숨기려고 한다.				
19	남들과 밖에서 놀기보다는 인터넷으로 시간 보내는 것을 택한다.				
20	인터넷을 하지 않을 때는 우울하고 울적해지거나 신경이 날카롭다가도, 인터넷을 다시하게 되면 그런 기분이 사라진다.				

출처 : 한국정보문화진흥원(2007). 간략형 청소년 인터넷중독 자가진단 척도 개발과 타당화

2) 척도사용과 사정

우리나라에서 이루어지고 있는 선행연구들을 살펴보면 〈표 2-5〉와 같이 상기에 제시한 척도들을 사용하여 집단 프로그램을 실시할 대상을 선정하고 있다. 연구마다 대상 선정의 기준점은 상황에 따라 차이가 있으나 공통적으로 제시하는 기준점을 보면 다음과 같다.

〈표 2-5〉 인터넷 중독 선별을 위한 척도들

명칭	구성개념	신뢰도	점수설명	척도 활용 연구
Young's internet addiction test	• 인터넷이나 통신 이용과 관련된 강방 행동 • 대인관계 성향의 변화 • 학업에 장애여부 • 통제 및 절제력의 여부 • 행동상 문제 및 정서적 변화	0.83	50점 이하: 비중독집단 50점 이상: 중독집단	성미나 · 홍성화(2010) 이경숙 · 방희석(2008)
청소년 인터넷 중독 자가진단 간략한 검사 (KS척도)	• 일상생활장애 • 긍정적 기대 • 금단 • 가상적 대인관계 지향성 • 일탈행동	0.89	47점 이하: 일반사용자군 48~51점: 잠재적위험군 52점 이상: 고위험군	신성만 외(2015) 황다연(2011)

명칭	구성개념	신뢰도	점수설명	척도 활용 연구
스마트폰 중독척도 (KS-II 척도)	• 일상생활장애 • 가상세계지향성 • 금단 • 내성	0.89	41점 이하: 일반사용자군 42~44점: 잠재적위험군 45점 이상: 고위험군	장현정 · 최선남(2016) 이서경(2014)
인터넷 게임중독 척도	• 학업태도 저하 • 부적응 행동 • 부정적인 정서 경험 • 심리적인 몰입 및 집착	0.93	72점 이상: 고위험군	강희양 · 손정락(2010) 김태희(2008)

선행연구들은 척도의 기준에 따라 대상을 단순 구분하기보다는 다음에 제시하는 질문을 추가로 하여 인터넷 중독을 사정할 때 신중을 기해야 한다고 제언하고 있다.

- 언제 인터넷을 처음 사용하기 시작했습니까?
- 매주 몇 시간 동안 인터넷을 사용하고 있습니까?
  (직업이나 학업과 무관한 목적의 인터넷 사용)
- 인터넷에서 주로 어떤 프로그램을 사용합니까?
- 인터넷은 당신의 생활을 어떻게 변화시켰습니까?
- 인터넷 접속을 끊었을 때 어떤 느낌이었습니까?
- 인터넷 사용으로 일상생활에서 가지게 된 어려움은 어떤 것입니까?
- 당신은 인터넷에서 활용하는 프로그램에 대해 항상 생각하고 계신다고 느낍니까?
- 컴퓨터 사용을 조절하거나 끊기 위해 어떤 시도를 했습니까?
- 당신은 인터넷 사용에 대해 친구나 가족에게 정직하게 얘기한다고 생각됩니까?

Chapter

3

인터넷 중독 초등학생을 위한 집단 프로그램 실제

Chapter 3

인터넷 중독 초등학생을 위한 집단 프로그램 실제

국내에서 인터넷 중독 청소년을 대상으로 프로그램이 2000년 이후 현재까지 약 400개가 넘게 개발되었다. 사회복지학, 교육학, 심리학, 아동학 등 다양한 분야에서 프로그램을 활용하고 있다. 전공에 따라 프로그램의 주안점이나 중요하게 제시하는 요소들에 차이가 있어 실제 실천가들이 프로그램을 선택하여 사용하는데 혼란이 있기도 한다. 또한 프로그램에 따라 상반된 결과를 제시하기도 하고, 회기와 회기당 시간 등이 다양하게 개발되어 더 효과적인 프로그램을 판단하는데 어려움이 있다. 따라서 본 서에서는 이경은 외(2019)의 스마트폰 중독 초등학생을 위한 개입프로그램 메타분석 연구결과를 요약하여 부록에 수록하고 이를 기준으로 초등학생에게 적절한 프로그램을 제시하였다.

효과적인 프로그램의 형태가 어떠한 것인지를 살펴보면 다음과 같다.

첫째, 초등학생 중독 집단 프로그램은 인터넷 중독 감소 및 관련변인들의 변화에 효과가 있음을 알 수 있다. 초등학생은 항상 휴대할 수 있는 스마트폰에 대한 의존이 날로 높아지고 그에 대한 열망이 크다. 인터넷 중독과 관련하여 상담프로그램을 진행할 경우 초등학생과 다른 연령대 학생은 구분하여 상담을 진행하는 것이 효과가 있을 것이다. 따라서 인터넷 중독에 대한 사회적 개입은 초등학교부터 이루어질 필요가 있다.

둘째, 인터넷 중독 집단상담 프로그램을 실시할 때 유의해야 하는 집단의 특성은 참여 동기이다. 참여 동기는 본인의 의사와 상관없이 선생님과 부모님에 의해 참가신청이 이루어지는 비자발적인 경우와 본인에 의해 참가가 결정된 자발적인 것으로 나누어진다. 비자발적으로 참여한 경우보다 자발적으로 참여한 경우가 효과적이었다. 프로그램 참여 동기는 내담자의 치료의지와 깊은 연관이 있을 뿐만 아니라, 지속적인 참여를 유발하는 부분에서도 중요하다. 김은영(2007)의 연구에서도 자발적으로 참여 했을 경우 비자발적 참여보다 크게 나타나 유사하다. 초등학생의 경우 학교 혹은 학부모의 의뢰에 의해 프로그램 참여가 이루어지는 경우가 많은데 이런 경우 청소년 스스로 자신의 상황에 대한 인식을 가지고 변화의 필요성을 깨닫는 것 자체가 프로그램의 내용과 실천가의 능력에 따라 달라질 수 있으니 이에 대해 프로그램 초기에 우선적으로 노력해야 한다. 초등학생의 자발적 참여 동기를 강화하기 위하여 자기결정성이론에 기반하여 자율성을 강화함으로써 스스로 참여해야겠다는 인식을 강화하는 것이 중요하다. 이를 위해서는 프로그램 참여 이전부터 초등학생이 스마트폰 사용에 대해 자율적으로 충분히 생각하고 선택하며, 이 과정에서 부모와 교사의 직접적인 역할이 강조되어야 한다. 또한 학생과 부모를 위한 스마트폰 사용에 대한 IT 리터러시 교육이 체계적으로 이루어질 필요가 있다.

셋째, 집단의 구조적 특성 즉 집단원의 수, 회기수, 회기 시간 등은 집단의 효과성에 영향을 미치지 못하였다. 이러한 경우 보고되어진 빈도수가 상대적으로 높은 특성을 기반한 연구를 선택하여 사용하는 것이 좋다. 그 외에 선택기준으로 활용할 수 있는 것은 대상 청소년의 특성, 실천가의 자질 및 특성, 프로그램 실시장소의 성격 등을 고려하여 선택하는 것이 좋다.

넷째, 초등학생의 경우 또래 애착이 강하기는 한데 또래와의 관계를 잘 할 수 있는 방법과 함께하는 것에 대해 미숙한 경우가 많다. 따라서 집단 프로그램 진행시 함께하는 작업의 빈도를 높일 수 있도록 하는 것이 효과적이다. 공동 작업이 프로그램에 많이 포함될수록 대상이 초등학교 저학년과 고학년으로 구분할 필요가 있다. 초등학교 저학년만을 대상으로 집단상담을 실시할 경우에는 혼성집단보다는 동성으로 집단을 구성하는 것이 효과적이다. 집단 내 또래사이의 역동이 중요하므로 집단이 시작하면 더 이상 새로운 참가자를 받지 않는 것이 좋다. 집단 활동 실시 시간에 대해 충분히 고지하고 매 회기 전에 다시 한 번 고지할 필요가 있다.

1. 자기조절 이론을 기반한 집단 프로그램

자기조절의 개념은 인간이 외적보상과 처벌에 의해 기계적으로 반응하는 존재가 아니라 자기 스스로 조절하는 존재로 본다(Bandura, 1977). Zimmerman(1989)은 인간의 자기조절이 개인의 내적 과정, 환경적 영향, 그리고 개인과 환경간의 상호작용을 통하여 이루어진다고 보았다(노성덕, 1996, 재인용). 자기조절은 자신의 의지로서 관심, 동기, 정서를 조절하며 충동을 통제할 수 있다(Kuhl, 1987). 결국 자기조절은 자기 자신의 생리적 활동에 대해 스스로 수정하려는 개인적 노력(Stoyva, 1977; 김숙영 1993)이며, 설정한 목적 또는 기대하는 결과를 성취하기 위하여 자기감시, 자기평가, 자기강화 과정을 포함한다(Kanfer, 1977; 구은정 2003). 따라서 자기조절은 충동조절, 자기통제, 자기관리, 자기지시 등을 포괄하는 개념으로 자기목표를 설정하고, 자신을 관찰/평가/강화하는 것이다.

유전적인 영향을 상당 부분 인정하지만, 자기조절능력은 유전에 의해 결정되는 부분도 있지만 후천적으로 학습되고 발달해 간다(Mahoney & Thoresen, 1974). 에 연구에서도 자기조절은 특별한 훈련이 필요하고 개인의 발달에 따라 달라질 수 있다고 (Schunk, 1989)보았다. 자기조절 능력은 즉각적 만족보다 장기적 만족을 선택하는 상황에서 자신의 행동, 사고, 그리고 감정을 조절할 수 있는 능력이라고 하겠다.

청소년들은 인터넷을 적절히 사용하고 그만둘 수 있는가, 그렇지 않으면 자제하지 못하고 계속적으로 빠져드느냐 하는 선택적 상황에 놓여 있는 것이다. 이런 선택적 상황에서 자기통제력의 실패는 곧 충동조절 장애 또는 중독적인 형태로 나타날 수 있다(Lounge, 1995). 인터넷 중독에 있어 자기조절 집단상담은 다른 기법에 비해 환경에 대한 통제 능력이 향상되고 타인에게 의존하려는 경향이 줄어들며, 일상생활에서 쉽게 활용할 수 있기 때문에 실용적이다(Cormier & Cormier, 1985). 특히 상담이후 개입효과를 유지하는 측면에서 매우 효율적이라는 평가를 받는다.

자기조절 집단상담은 여러 학자들이 주장하는 이론에 따라 다양하게 제시되고 있다. 공통적으로 사람들이 보상과 처벌을 어떻게 관리하는지에 초점을 두고 있다(Ryan & Dec, 2000). 구체적 과정은 자존심을 높이기 위한 과정, 미성숙행동을 교정하는 과정, 불안을 해소시키는 과정이다. 특히 자존심을 높이기 위한 과정은 긍정적인 표현단계, 칭찬수용 단계, 주장 훈련 단계로 구분된다. 미성숙 행동 수정 과정은 시간조절 기법 단계, 자아 관여 감소법 단계, 목표행동 모델관계 주의 집중 훈련 단계로 나누어지며, 불안을 해소시키는 과정에서는 불안해소 기법을 훈련하도록 하여 모두 8단계로 구성되었다. 이상근(1996)은 이것을 응용하여 긍정적인 자기 말로 표현하기, 칭찬 수용하기, 주장사다리 기법 사용하기, 시간조절 기법 활용하기, 자아의 관여 감소시키기, 목표행동 모델 사용하여 계획 세우기, 주의 집중 훈련 실시하기, 사고중지 기법 활용하기 등을 활용하는 집단상담 프로그램을 제안하였다. 사실 인터넷 중독에 있어 회복되는 과정은 개선과 재발의 과정을 반복하며 어렵게 성취된다. 만일 어렵게 이룬 사용조절이 실패했다 하더라도 조절을 해본 사람은 다시 그 과정을 헤쳐 나가기가 쉽다(권정혜, 2000). 인터넷 중독 치료의 궁극적인 목표는 인터넷을 조절해서 사용하는 것이지 인터넷을 전혀 사용하지 않는 것이 아니다. 따라서 계획을 세워 필요한 시간만 인터넷을 사용하도록 훈련을 하는 것이 바람직하다.

1) 프로그램 목표

본 프로그램은 초등학생을 대상으로 실시하는 자기조절 집단상담 프로그램이다. 구체적인 목표는 다음과 같이 다양하게 제시될 수 있다.

첫째, 자기조절 집단상담 프로그램은 초등학생의 인터넷 중독을 감소시킨다.
둘째, 자기조절 집단상담 프로그램은 초등학생의 문제행동을 감소시킨다.
셋째, 자기조절 집단상담 프로그램은 초등학생의 자기조절능력을 향상시킨다.

2) 프로그램 구성 및 원리

자기조절 집단상담 프로그램은 초등학생을 대상으로 10회, 매회 60분 프로그램으로 구성하였다. 각 회기의 세부 프로그램을 살펴보면 다음과 같다.

1회기는 효과적인 프로그램 진행을 위해 초기에 마음을 열고 친밀감 및 신뢰감을 형성하도록 자기소개 활동 등으로 자기 개방과 집단원간의 공감대 형성하는 시간으로 구성하였다. 2-3회기는 인터넷 바로알기 단계로 인터넷 가진 장단점에 대해 알아보고, 인터넷을 과다사용 할 경우 어떠한 문제점들이 발생하는지에 대해서 구체적으로 알아본다. 이어 3회기에서는 인터넷 문제점과 방해요소를 찾고, 인터넷을 바르게 사용할 수 있는 방법들을 함께 탐색해보도록 한다. 4-5회기는 자존감 향상 단계로 4회기에는 하루 혹은 일주일 단위로 시간별 정신에너지의 흐름과 생활영역별 정신에너지의 흐름을 그래프를 나타내어 봄으로써 자신이 가장 활기차고 생기 있을 때와 그 반대일 때를 떠올리는 활동과 인터넷 사용습관과 이를 조절할 때 장점 등의 활동을 통해 정신에너지를 건강하게 조절하는 시간으로 하였다. 5회기는 자신의 모습을 전지에 그려서 바라는 자신의 모습을 써 보도록 하고 완벽하고도 이상적인 자신만의 이틀을 설계하고 실천 여부를 확인하기 위해 자신의 생활을 관찰하여 기록하는 활동으로 대치하였다. 나의 완벽한 이틀을 구상하면서 자신의 강점을 발견하고, 자신의 스스로의 삶을 통제하고 결정할 수 있도록 한다. 이를 토대로 참가자가 자신의 주변을 점검하고 윤곽을 잡아 재배치할 수 있도록 한다. 미성숙 행동수정 단계의 6회기에서는 나의 내적 걸림돌과 외적 걸림돌을 역할극으로 꾸며봄으로써 자신의 목표 달성을 위해 방해가 되는 환경을 알아보는 활동으로 구성하였다. 이어 7회기는 우선 목표세우기의 원리를 알아보고 자신의 장기, 중기, 단기, 일일 순으로 목표 세우기를 하고 목표 달성을 위한 정보 탐색 및 긍정적인 자기 강화방법을 생각해 보는 시간으로 구성하였다. 그리고 동화를 읽고 일의 중요성에 따라 우선순위 정하는 활동을 해 봄으로써 실제 자신의 생활을 조직하고 재배열할 수 있도록 한다. 불안해소 단계는 8-9회기는 이루어진다. 특히 이 단계에서는 삶의 여러 가지 갈등들을 파악하고 재구조화하면서 비조절행동과 조절행동을 이해하고 자기대화법을 활용할 수 있도록 한다. 그림으로 즐거운 대화노트를 통해 나아진 점들에 관해 구성원 간 서로 지지해 주는 시간을 갖게 한다. 10회기는 복습하기(reviewing records)로 모든 활동을 재점검하고 프로그램을 통해 자신의 변화를 확인하는 시간으로 구성하였다.

프로그램은 일상생활에서 쉽게 적응할 수 있기 때문에 실용적이고 즉시 상담실에 오기를 꺼려하는 내담자에게 사용하기 편리하게 설계하였다. 자기조절 과정은 일상의 일반화 효과가 있어서 원리를 습득하면 여러가지 문제에 적용시킬 수 있을 뿐만 아니라 환경에 대한 통제 능력이 향상되어 타인에게 의존하려는 경향을 줄일 수 있다는 장점을 가지고 있다(Cormier, 1985).

〈표 3-1〉 자기조절 집단 프로그램 세부내용

단계별 목표	회기	주 제	목표	준비물	시간
친밀감 및 신뢰감 형성	1	너랑 나랑 마음 닿기	• 프로그램의 목적 및 내용을 이해한다. • 프로그램 참여 동기를 부여한다. • 집단원간의 상호이해 및 친밀감을 형성한다. • 집단 집단원간의 공감대 형성한다.	• 이름표 • 서약서 • 필기도구 • 소감문	60분
인터넷/스마트폰 바로알기	2	인터넷/스마트폰 넌 누구니?	• 인터넷/스마트폰이 가진 장점에 대해 알도록 한다. • 인터넷/스마트폰 과다사용, 중독으로 인한 문제점을 구체적으로 알 수 있다.	• 전지, 매직, 필기도구 • 인터넷 사용패턴 점검표	60분
	3	인터넷/스마트폰을 바르게 사용하려면?	• 인터넷/스마트폰 조절의 방해 요소를 찾고, 사용 모습을 비교해본다. • 인터넷/스마트폰을 바르게 사용하는 방법을 배우려는 의지를 가진다.	• 일상생활 점검활동지 • 인터넷 사용활동지	60분

단계별 목표	회기	주 제	목표	준비물	시간
자존감 향상	4	나의 에너지 상태는 어떨까?	• 컴퓨터 사용습관에 대한 생활패턴을 점검하고 문제인식을 갖는다. • 에너지 흐름을 파악하고 정신 에너지를 건강하게 조절할 수 있다.	• 에너지흐름 상태점검표 • 정신에너지 목록표	60분
	5	나는 잘 할 수 있어	• 건강한 자기상을 인식 할 수 있다. • 완벽한 이틀을 구상할 수 있다. • 자신의 강점 찾기를 통해 자기조절 능력을 향상한다.	• 전지, 도화지 • 필기도구(파스텔, 싸인펜, 색연필, 크레파스)	60분
미성숙 행동수정	6	나의 장애물	• 일상생활에서 화가 나거나 짜증이 쌓일 때 어떻게 풀어야 하는지에 대해서 찾아본다.	• 필기도구 • 활동지	60분
	7	우리 직접 해보자 (나와의 약속)	• 우선순위의 중요성을 알고, 인터넷/스마트폰을 대체할 수 있는 활동을 찾아보도록 한다.	• 실천계획표 • 실천지침활동지 • 도화지, 필기도구	60분
불안해소	8	내, 외적 갈등 다루기	• 삶의 여러 가지 갈등을 파악하여 재구조화할 수 있다. • 특정상황에서의 비조절행동과 조절행동을 역할 놀이로 할 수 있다.	• 내적, 외적 걸림돌 활동지 • 갈등해결 활동지, 필기도구	60분
	9	잠깐 ! 먼저 생각하자~	• 자기대화법을 활용할 수 있다. • 즐거운 대화노트를 작성할 수 있다.	• 필기도구	60분
복습하기 반성 및 평가하기	10	앞으로도 쭉~!	• 프로그램을 객관적으로 평가할 수 있다. • 적절한 인터넷 활용을 다짐한다. • 참가자와 격려하고 축하한다.	• 프로그램 평가서 • 나의 다짐 활동지 • 사후검사지	60분

제1회기 너랑 나랑 마음 닿기

활동개요

목표	• 프로그램의 목적 및 내용을 이해한다. • 프로그램 참여 동기를 부여한다. • 집단원간의 상호이해 및 친밀감을 형성한다. • 집단원간의 공감대 형성한다.	
준비물	이름표, 서약서, 필기도구, 소감문	
주요내용	도입	• 신체활동하기 : 인간 실 풀기 게임하기 • 진행자 인사하기 • 사전검사하기
	전개	• 집단원 소개하기 • 프로그램 안내하기 • 사전검사하기 • 서약서 작성하기 • 애칭 게임하기
	마무리	• 프로그램 요약 · 정리하기 • 소감나누기 • 다음 회기에 대해 안내하기

활동내용

도입

① 신체활동하기 : 인간 실 풀기 게임하기(참가자를 5명씩 나눠서 원을 만든다. 서로의 손을 엇갈려 잡고 꼬인 손과 팔을 푸는 게임)

② 진행자(상담자) 인사하기 : 프로그램을 진행할 상담자에 대해 소개한다.

③ 사전검사하기

전개

우리는 소중한 사람입니다. 소중한 나를 아끼기 위해 진짜 내 시간의 주인공이 되어야 합니다. 인터넷 활용을 잘 하는 것도 나를 아끼는 방법 중 하나입니다.
우리는 매주 ○요일, 10번 만나 소중한 시간의 우선순위를 잡고 인터넷 사용을 포함한 건강한 일상생활을 할 수 있는 방법을 생각하고 이야기하고 실천하는 시간을 보낼 것입니다.
함께할 친구들에게 나를 소개하고 함께 인사하고 규칙을 만들며 프로그램을 시작해 보도록 합시다.

① 집단원 소개하기

: 참가자는 이름표에 자신의 이름과 불리고 싶은 별칭을 적는다. 별칭을 지은 이유, 평소에 즐겁게 하는 일, 프로그램에 참여하게 된 동기 및 기대, 컴퓨터와 관련하여 제일 좋아하는 것, 자신의 아이디어 등을 돌아가면서 발표한다.

② 프로그램 안내하기

: 프로그램의 목적 및 내용, 진행내용(횟수, 소요시간 등) 등을 설명한다.

③ 사전검사하기

: 프로그램 관련 사전검사를 실시한다.

④ 나의 인터넷 사용 점검표 작성하기

: 내가 인터넷을 얼마나 사용하고 있는지를 스스로 점검해본다.

⑤ 서약서 작성하기

: 프로그램 참여 서약서를 작성하고 돌아가면서 다짐한다. 이때, 프로그램 규칙, 기대 등을 서약서에 포함하여 작성하도록 한다.

⑥ 애칭 게임하기

: 애칭은 누구나 불리 우면 기분이 좋은 별명을 말한다. 집단원이 함께 참가자에게 어울리는 애칭을 짓고 그 중 마음에 드는 애칭을 고른다. 각자 애칭을 선택한 후 동그랗게 앉아 애칭 외우기 게임을 한다.

마무리

① 프로그램 요약 · 정리하기 : 진행자는 프로그램 내용을 요약 · 정리하여 전달한다.

② 소감나누기 : 소감문을 작성하거나 회기를 통해 느낀 점이나 서로에게 하고 싶은 이야기를 한다.

③ 다음 회기에 대해 안내하기

〈활동지 1-1〉

서 약 서

1. 나는 프로그램 시간을 잘 지키겠습니다.

2. 나는 진지한 자세로 참여 하겠습니다.

3. 나는 프로그림 중에 알게 된 모든 이야기는 비밀로 하겠습니다.

4. 나는 프로그램 중 다른 친구의 이야기를 잘 듣겠습니다.

5. 나는 다른 친구들과 잘 지내도록 노력하겠습니다.

6. 나는 ________________________________

프로그램에 참여하는 동안 위의 항목을 지키도록 노력하겠습니다.

년　　월　　일

서명　　　　(인)

제2회기 인터넷/스마트폰 넌 누구니?

활동개요

목표	• 인터넷/스마트폰이 가진 장점에 대해 알도록 한다. • 인터넷/스마트폰 과다사용, 중독으로 인한 문제점을 구체적으로 알 수 있다.	
준비물	전지, 매직, 인터넷 사용패턴 점검표, 필기도구	
주요내용	도입	• 신체활동하기
	전개	• 지난회기 점검 및 주제 설명하기 • 인터넷/스마트폰 장단점 알아보기 • 우리에게 도움이 되는 인터넷/스마트폰 어플 찾아보기 • 인터넷/스마트폰 사용 전, 후 좋은 점과 나쁜 점을 이야기하기
	마무리	• 프로그램 요약 · 정리하기 • 소감나누기 • 다음 회기에 대해 안내하기

활동내용

도입

① **신체활동하기** : 즐겁게 집중하여 프로그램에 참여할 수 있도록 369, 꿍꿍타, 끝말잇기 등의 게임으로 시작한다.

전개

① **지난 회기 점검 및 주제 설명하기** : 지난 시간 프로그램 내용을 점검하고 오늘 주제를 설명한다.

> 세상 모든 것에는 장점과 단점이 있습니다. 인터넷/스마트폰 사용도 그러합니다.
> 장점은 더 많이 활용되고 키우는 것이 필요하고, 단점은 보완해야 하는 것입니다.

② 인터넷/스마트폰 장 · 단점에 대해 이야기 나누기

: 인터넷/스마트폰 장 · 단점에 대해 생각하고, 자신의 생각을 정리한 후 서로 이야기한다.

③ 우리에게 도움이 되는 인터넷/스마트폰 어플 찾아보기

: 인터넷/스마트폰이 우리에게 학습적. 정서적으로 도움이 되는 어플을 찾아보고 이야기한다.

④ 동영상을 감상한 후, 인터넷/스마트폰을 사용하면 좋은 점과 나쁜 점을 이야기한다.

: 인터넷/스마트폰 과다사용으로 시간활용을 못한 경험을 나누며 과다사용에 대해 인정한다.

마무리

① 프로그램 요약 · 정리하기 : 진행자는 프로그램 내용을 요약 · 정리하여 전달한다.

② 소감나누기 : 소감문을 작성하거나 회기를 통해 느낀 점이나 서로에게 하고 싶은 이야기를 한다.

③ 다음 회기에 대해 안내하기

〈활동지 2-1〉

나의 인터넷사용 패턴 점검하기

★ 주로 사용하는 목적 :

★ 주로 사용하는 장소 :

★ 주로 사용하는 사이트 :

★ 주로 사용하는 시간 :

〈활동지 2-2〉

인터넷 사용 장단점 알아보기

★ 잡지책이나 그림책의 그림과 글 중에서 인터넷 사용의 장점과 단점에 해당하는 것을 오려서 붙이세요.

제3회기 인터넷/스마트폰을 바르게 사용하려면?

활동개요

<table>
<tr><td>목표</td><td colspan="2">• 인터넷/스마트폰 조절의 방해 요소를 찾고, 사용 모습을 비교해본다.
• 인터넷/스마트폰을 바르게 사용하는 방법을 배우려는 의지를 가진다.</td></tr>
<tr><td>준비물</td><td colspan="2">일상생활 점검활동지, 인터넷 사용 활동지</td></tr>
<tr><td rowspan="3">주요내용</td><td>도입</td><td>• 신체활동하기</td></tr>
<tr><td>전개</td><td>• 지난회기 점검 및 주제 설명하기
• 나의 일주일 생활 점검하기
• 인터넷/스마트폰 조절의 방해 요소 찾기
• 인터넷/스마트폰 바르게 사용하도록 실천하기</td></tr>
<tr><td>마무리</td><td>• 프로그램 요약 · 정리하기
• 소감나누기
• 다음회기에 대해 안내하기</td></tr>
</table>

활동내용

도입

① 신체활동하기 : "당신의 이웃을 사랑하십니까?" 게임

(참가자 중 한 사람 앞에 가서 "당신의 이웃을 사랑하십니까?"고 묻고 '예'라고 대답할 경우 대답한 양 쪽 옆 사람이 다른 자리로 바꾸어 앉는다. 동시에 술래였던 사람도 빈자리가 생길 때 재빨리 앉아야 한다. 이때 자리에 앉지 못한 사람이 술래가 된다.)

전개

① 지난 회기 점검 및 주제 설명하기 : 지난 시간 프로그램 내용을 점검하고 오늘 주제를 설명한다.

일주일 또는 하루의 시간을 아무 생각 없이 보내는 경우가 많습니다. 여러분의 하루와 비교해 보고 지난 일주일 생활에서 비효과적인 활동을 찾아보도록 하겠습니다.

② 나의 일주일 생활 점검하기

: 지난 일주일동안 가장 많이 활동한 영역을 5가지를 골라서 작성해본다.

③ 인터넷/스마트폰 조절의 방해 요소 찾아보기

: 인터넷/스마트폰 사용하는 습관을 쉽게 버리지 못하는 이유는 무엇인지 이야기해본다.

④ 대안활동 계획하기

: 인터넷 대신 다른 활동을 할 수 있는 것을 생각해보고 계획표를 작성해본다.

⑤ 인터넷/스마트폰 바르게 사용하도록 실천하기

: 인터넷/스마트폰을 바르게 사용하는 방법에 대해 이야기하고 실천할 수 있도록 한다.

마무리

① 프로그램 요약 · 정리하기 : 진행자는 프로그램 내용을 요약 · 정리하여 전달한다.

② 소감나누기 : 소감문을 작성하거나 회기를 통해 느낀 점이나 서로에게 하고 싶은 이야기를 한다.

③ 다음 회기에 대해 안내하기

〈활동지 3-1〉

나의 일주일 생활 점검하기

1순위	
2순위	
3순위	
4순위	
5순위	

☀ 일주일 동안 가장 많이 한 활동은?

☀ 일주일 동안 인터넷 사용 정도는?

☀ 인터넷/스마트폰 사용에 변화가 있었다면 정도와 그 이유는?

〈활동지 3-2〉

대안활동 탐색지

∨ 하루 일정 중 인터넷/스마트폰 사용 시간을 표시하기

∨ 인터넷 사용시간에 대안활동으로 하고 싶은 것을 목록화해서 작성하기

주로 인터넷을 사용하는 시간	인터넷 사용 대신하고 싶은 활동 계획하기
오전	오전
오후	오후

〈활동지 3-3〉

대안활동 실천계획표

∨ 목록에서 작성한 대안활동을 중심으로 실천할 수 있도록 구체적으로 계획해보세요.

대안활동 목록	언제	어디서	누구와	어떻게

제4회기 나의 에너지 상태는 어떨까?

활동개요

<table>
<tr><td>목표</td><td colspan="2">• 인터넷 사용습관에 대한 생활패턴을 점검하고 문제인식을 갖는다.
• 에너지 흐름을 파악하고 정신에너지를 건강하게 조절할 수 있다.</td></tr>
<tr><td>준비물</td><td colspan="2">나의 에너지 상태점검표</td></tr>
<tr><td rowspan="3">주요내용</td><td>도입</td><td>• 신체활동하기</td></tr>
<tr><td>전개</td><td>• 나의 에너지 흐름을 파악하고 정신 에너지를 건강하게 조절할 수 있다.</td></tr>
<tr><td>마무리</td><td>• 프로그램 요약 · 정리하기
• 소감나누기
• 다음 회기에 대해 안내하기</td></tr>
</table>

활동내용

도입

① 신체활동하기 : "다람쥐 잡기" 게임

다섯 명씩 한조가 되어 네 명은 원을 만들고 한명은 다람쥐가 되어 원안에서 있고 밖에는 다람쥐 한 마리와 늑대 한 마리가 있어 늑대가 다람쥐를 잡으러 다닌다. 다람쥐가 아무 굴에나 들어가면 그 속에 있던 다람쥐는 굴속에서 빨리나와 돌아다니는데 늑대는 밖에 있는 다람쥐만 잡게 되며 잡으면 늑대와 다람쥐의 역할이 바뀌게 된다. 단 들어갔던 다람쥐의 굴에는 연속적으로 들어갈 수 있다.

전개

① 지난 회기 점검 및 주제 설명하기 : 지난 시간 프로그램 내용을 점검하고 오늘 주제를 설명한다.

우리는 여러 가지 상황에서 생기 있고 활기찰 수 있는 반면 힘이 빠지고 생기 없을 때가 있습니다. 여러분의 생활에서 위와 같은 상황들을 각각 떠올려 보면서 나의 상태를 그래프로 나타내보고 내가 생기 있고 활기찰 수 있었던 이유, 힘이 빠지고 생기가 없었던 이유를 찾아봅시다.

② 나의 에너지 흐름을 파악하고 정신 에너지를 건강하게 조절할 수 있다.

: 인터넷 사용을 조절하면 일어날 수 있는 긍정적인 단 · 장기 변화의 결과를 예상한다.

마무리

① 프로그램 요약 · 정리하기 : 진행자는 프로그램 내용을 요약 · 정리하여 전달한다.

② 소감나누기 : 소감문을 작성하거나 회기를 통해 느낀 점이나 서로에게 하고 싶은 이야기를 한다.

③ 다음 회기에 대해 안내하기

〈활동지 4-1〉

나의 에너지 상태 점검표

∨ 나의 생활에서 활기차고 생기 넘치는 때를 떠 올려보자

언제	
어디서	
무엇을	
누구와	
어떻게	
나의 느낌 (느낌 목록 참고)	
내가 생기 넘칠 수 있었던 이유	

∨ 활기를 주는 에너지 (느낌 목록)

기쁘다	편안하다	황홀하다
신난다	기분좋다	자유롭다
감격스럽다	만족스럽다	인정을 받는다
행복하다	살맛난다	용기
사랑을 느낀다	반했다	따뜻하다
감사하다	평화롭다	즐겁다

〈활동지 4-2〉

∨ 나의 생활에서 생기 없을 때를 떠 올려보자

언제	
어디서	
무엇을	
누구와	
어떻게	
나의 느낌 (느낌 목록)	
내가 생기 넘칠 수 없었던 이유	

∨ 활기를 뺏는 에너지 (느낌 목록)

짜증난다	화난다	미치겠다
신경질 난다	열 받는다	약 오른다
속상하다	억울하다	불쾌하다
우울하다	슬프다	무력하다
나른하다	외롭다	재미없다
지겹다	귀찮다	답답하다
절망스럽다	서운하다	막막하다
고통스럽다	괴롭다	싫증난다

제5회기 나는 잘 할 수 있어!

활동개요

목표	• 건강한 자기상을 인식할 수 있다. • 완벽한 이틀을 구상할 수 있다. • 자신의 강점 찾기를 통해 자기조절 능력을 향상한다.	
준비물	전지, 도화지, 필기도구(파스텔, 싸인펜, 색연필, 크레파스)	
주요내용	도입	• 신체활동하기
	전개	• 지난회기 점검 및 주제 설명하기 • 내가 바라는 나의 모습 그리기 • 완벽한 이틀 구상하기 • 과거, 현재, 미래 내 모습 그리기
	마무리	• 프로그램 요약 · 정리하기 • 소감나누기 • 다음 회기에 대해 안내하기

활동내용

도입

① **신체활동하기** : 명상(바르게 앉아 눈을 감고 음악을 들으며 5분 동안 명상한다. 명상하는 동안 자신이 그동안 바라던 모습들을 상상해서 그린다.)

전개

① **지난 회기 점검 및 주제 설명하기** : 지난 시간 프로그램 내용을 점검하고 오늘 주제를 설명한다.

우리는 누구나 스스로 바라는 나의 모습이 있습니다. 어떤 모습일까요? 미래 모습만 내가 아닙니다. 미래의 나의 모습은 과거, 현재의 모습이 쌓여 이루어집니다. 3가지 모습 모두 나입니다. 그래서 미래의 바라는 내가 되기 위해 현재 무언가 할 수 있는 이틀의 시간이 생긴다면 어떻게 보낼지 알아볼 것입니다.

② 내가 바라는 나의 모습 그리기 : 두 명씩 짝을 지어 전지 위에 몸을 눕히고 몸의 곡선을 따라 외곽선을 그어준다. 자신의 신체 곡선 안에 바라는 모습을 적거나 그려 넣는다.

③ 완벽한 이틀 구상하기 : 전지의 남은 공간에 이틀이라는 자유시간이 주어진다면 어떻게 사용할 것인지를 계획하여 적은 후 발표한다.

④ 과거, 현재, 미래 내 모습 그리기 : 과거, 현재, 미래의 내 모습을 3등분하여 간단히 그린 후 설명한다.

마무리

① 프로그램 요약 · 정리하기 : 진행자는 프로그램 내용을 요약 · 정리하여 전달한다.

② 소감나누기 : 소감문을 작성하거나 회기를 통해 느낀 점이나 서로에게 하고 싶은 이야기를 한다.

③ 다음 회기에 대해 안내하기

〈활동지 5-1〉

나에게 남은 이틀의 자유 시간 !!!!

자신에게 남은 시간이 이제 이틀이고, 자유시간이 주어진다면 어떻게 보낼 것인지 계획해보세요(전지의 여유 공간을 활용하거나 경우에 따라 별지를 배분하세요)

〈활동지 5-2〉

나의 과거, 현재, 미래모습 그리기

과거, 현재, 미래의 내 모습을 그려보세요!

(전지의 여유 공간을 활용하거나 경우에 따라 별지를 배분하세요)

나의 과거모습	나의 현재모습	나의 미래모습
그림	그림	그림
설명	설명	설명

제6회기 나의 장애물

활동개요

목표	일상생활에서 화가 나거나 짜증이 쌓일 때 어떻게 풀어야 하는지에 대해서 찾아본다.	
준비물	필기도구	
주요내용	도입	• 신체활동하기
	전개	• 지난회기 점검 및 주제 설명하기 • 화가 나는 상황과 짜증나는 상황 알아보기 • 짜증나는 상황을 극복 할 수 있는 역할극 시연해보기
	마무리	• 프로그램 요약 · 정리하기 • 소감나누기 • 다음 회기에 대해 안내하기

활동내용

도입

① **신체활동하기** : "한번 믿어 보세요" 게임

(두 명씩 짝을 지어 짝에게 등을 돌리고 서서 팔을 옆으로 벌리고 뒤고 넘어지면 짝은 그를 잡아준다. 역할을 바꿔 반복한다. 한 명이 눈을 감으면 다른 한 명이 그를 도와 방을 돌아다닌다. 역할을 바꿔 반복한다.)

전개

① **지난 회기 점검 및 주제 설명하기** : 지난 시간 프로그램 내용을 점검하고 오늘 주제를 설명한다.

지난 회기에 자신의 미래에 대해 구체적으로 살펴본 것이 자신의 일상생활에서 기억나거나 다시 생각하도록 하는 경험이 있었는지에 대해 이야기 나눕시다. 모든 사람은 짜증과 화가 나는 상황을 경험하고 있습니다. 사람마다 그 상황은 다른데 어떠한 차이가 있는지 구체적인 인물과 상황에 대해 이야기 나누고 그들마다 짜증과 화에 대해 다르게 대처하고 있는지 어떻게 대처 했는지 경험을 나누어 봅시다.

② 화가 나는 상황과 짜증나는 상황에 대해 알아보기

: 짜증나는 상황에 대해 구체적으로 생각해보고 토론해본다.

③ 화나거나 짜증나는 상황을 극복할 수 있는 역할극

: 짜증이 쌓이는 상황을 토론해서 선별한 후 역할극을 시연해 보도록 한다.

마무리

① 프로그램 요약 · 정리하기 : 진행자는 프로그램 내용을 요약 · 정리하여 전달한다.

② 소감나누기 : 소감문을 작성하거나 회기를 통해 느낀 점이나 서로에게 하고 싶은 이야기를 한다.

③ 다음 회기에 대해 안내하기

〈활동지 6-1〉

내가 가지고 있는 장애물은?

여러분들은 생활하면서 스트레스를 받아 인터넷/스마트폰을 사용한적 있나요?
어떤 상황일 때 불쾌하고 화나거나 짜증이 생기나요?
의견을 나눈 다음 빈칸 안에 작성해 보세요.

짜증이 쌓일 때 내가 하는 행동은?

짜증나는 상황에서 주로 어떤 행동을 하나요?
위의 빈칸에 쓴 상황 중 하나 골라 함께 역할극을 해보아요.
(잘 해결할 수 있는 방안으로 해결하는 것)

제7회기 우리 직접 해보자(나와의 약속)

활동개요

목표	우선순위의 중요성을 알고, 인터넷/스마트폰을 대체 할 수 있는 활동을 찾아보도록 한다.	
준비물	실천계획표, 대안 찾기 활동지, 도화지, 필기도구	
주요내용	도입	• 신체활동하기
	전개	• 지난회기 점검 및 주제 설명하기 • 시간의 소중함을 생각하기 • 나의 미래모습 그리기 • 자기 주도적 목표 세우기 • 인터넷/스마트폰 외에 할 수 있는 대안 활동을 찾아보고 실천 가능한 효율적 생활계획표를 작성하기
	마무리	• 프로그램 요약 · 정리하기 • 소감나누기 • 다음 회기에 대해 안내하기

활동내용

도입

① 신체활동하기 : "나 뭐 달라진 것 없어요?" 게임

(두 명씩 짝을 지어 등을 맞대고 앉게 한 후 자신의 외모에서 최소한 네 가지를 바꾼다. 2분 후에 다시 서로 얼굴을 보게 하고 서로가 어떤 것이 변했는가를 찾도록 한다. 머리 모양, 옷 모양 등을 소소한 것을 바꿀 수 있다.)

전개

① 지난회기 점검 및 주제 설명하기 : 지난 시간 프로그램 내용을 점검하고 오늘 주제를 설명한다.

내 생활의 주인공은 나입니다. 주도적인 나의 생활을 하기 위해서는 바로 실천할 수 있는 효과적인 계획을 세워야 합니다. 계획서 안에는 일일, 단기, 중기, 장기로 구분된 구체적이고 실천 가능한 목표를 포함해야 합니다. 인터넷 사용에 있어서도 효과적인 목표에 기반한 실천계획표를 세워야 합니다.

② 나의 미래모습 그리기 : 각자가 미래에 대해 생각한 후 상상하여 그린다.

③ 목표 세우기

: 효과적인 목표세우기 방법을 설명한다.

(장기적인 목표를 생각한다, 장기목표 달성을 위한 중간 및 단기적 목표를 생각한다, 연관성을 둔다, 현실성이 있어야 한다, 구체적인 평가기준이 있어야 한다, 마감일이 있어야 한다, 융통성이 있어야 한다.)

: 미래의 결과를 위해 현재 실천할 수 있는 일을 선택하여 계획한다.

: 계획한 일을 실행하기 위한 구체적인 목표를 일일, 단기, 중기, 장기로 구분하여 세운다.

④ 인터넷 사용에 대한 목표 세우기

: 건강한 인터넷 사용을 위해 스스로 지킬 수 있는 목표를 세운다. 그리고 이를 위한 단계적인 행동과 환경을 만들기 위해 필요한 것, 도움을 요청할 수 있는 사람을 계획한다.

: 계획한 것을 달성했을 때 주어지는 보상도 계획하여 행동을 강화한다.

⑤ 인터넷/스마트폰 대안 활동 생각해보기

: 인터넷/스마트폰 대안 활동에 대해 이야기 해보고 대체 할 수 있는 활동에 대해 생각해보고 함께 실천 할 수 있도록 한다.

마무리

① **프로그램 요약 · 정리하기** : 진행자는 프로그램 내용을 요약 · 정리하여 전달한다.

② **소감나누기** : 소감문을 작성하거나 회기를 통해 느낀 점이나 서로에게 하고 싶은 이야기를 한다.

③ 다음 회기에 대해 안내하기

〈활동지 7-1〉

인터넷/스마트폰 사용 목표 세우기

인터넷/스마트폰 사용 조절을 위하여 목표를 세우고 실천해보세요!

인터넷/스마트폰 사용 목표	
인터넷/스마트폰 사용 조절을 위한 환경 만들기	
인터넷/스마트폰 사용 조절을 위해 도움을 요청할 수 있는 사람	
인터넷/스마트폰 사용 조절을 성공했을 때 나에게 주어지는 보상	

〈활동지 7-2〉

대안활동 찾아보기

인터넷/스마트폰 보다 더 즐거운 활동을 함께 생각해보고 오프라인 세상 100배 즐기기 best 5개를 적어봅시다.

① ______________________________

② ______________________________

③ ______________________________

④ ______________________________

⑤ ______________________________

제8회기 내, 외적 갈등 다루기

활동개요

목표	• 삶의 여러 가지 갈등을 파악하여 재구조화할 수 있다. • 특정상황의 조절행동과 비 조절 행동을 역할 놀이로 할 수 있다.	
준비물	내적, 외적 걸림돌 활동지, 갈등해결 활동지, 필기도구	
주요내용	도입	• 신체활동하기
	전개	• 지난회기 점검 및 주제 설명하기 • 나의 외적, 내적 갈등 찾기 • 갈등상황 역할놀이하기 • 갈등상황을 파악하여 재구조화하기
	마무리	• 프로그램 요약 · 정리하기 • 소감나누기 • 다음 회기에 대해 안내하기

활동내용

도입

① 신체활동하기 : "동그라미" 게임

(동그랗게 앉아서 "동그라미"의 한 글자를 외치며 오른쪽 방향으로 진행해간다. 한 글자씩 외칠 때마다 손가락은 다른 사람을 가리켜야 한다. 마지막 "미"를 외친 사람의 손가락이 향한 사람부터 다시 "동"을 외치며 오른쪽 방향으로 진행해 간다.)

전개

① 지난 회기 점검 및 주제 설명하기 : 지난 시간 프로그램 내용을 점검하고 오늘 주제를 설명한다.

우리들은 살아가면서 평탄한 길에 돌멩이 또는 바위와 같은 내적, 외적 걸림돌 등의 방해요소가 있을 겁니다. 예를 들어, 오늘 시험공부를 열심히 하겠다고 다짐했는데 그날따라 TV프로가 너무 재미있어서 공부하기 싫었던 경험이 있을 거예요. 오늘은 이러한 걸림돌과의 가상적인 만남을 통해 내가 가지고 있는 걸림돌에 대해 보다 자세히 생각할 기회를 갖고 걸림돌을 극복하는 방법을 배워봅시다.

② **나의 외적, 내적 갈등 찾기** : 자신의 계획대로 실천하는데, 갈등이 되는 상황을 알아보고 자신이 겪는 갈등을 이야기한다.

③ **갈등상황 역할놀이하기** : 팀을 나누어 갈등이 되는 상황을 해결했을 때와 아닐 때를 각각 역할극으로 꾸민 후 발표한다.

④ **갈등상황을 파악하여 재구조화하기**

: 갈등상황을 구체적으로 작성해본다.

: 갈등상황을 해결하기 위한 노력을 정리하고, 해결하고 느낀 감정을 참가자들과 솔직하게 이야기한다.

마무리

① **프로그램 요약 · 정리하기** : 진행자는 프로그램 내용을 요약 · 정리하여 전달한다.

② **소감나누기** : 소감문을 작성하거나 회기를 통해 느낀 점이나 서로에게 하고 싶은 이야기를 한다.

③ 다음 회기에 대해 안내하기

〈활동지 8-1〉

나의 외적, 내적 갈등 찾기

나의 계획을 실천하는데 방해가 되는 외적갈등과 내적갈등을 찾아보세요.

나의 계획(목표)	외적 갈등	내적 갈등

〈활동지 8-2〉

갈등 역할 놀이

나의 계획을 실천하는데 방해가 되는 외적갈등과 내적갈등을 생각해보고 시나리오를 작성해보세요.

갈등이 해결된 상황의 시나리오	갈등이 해결되지 않은 상황의 시나리오

〈활동지 8-3〉

갈등상황 재구조화하기

∨ 제시된 갈등상황 중 하나를 선택하여 갈등 해결을 위한 노력을 구체화해보세요.

갈등상황	
갈등상황을 해결하기 위한 노력	
갈등해결 후 느낌	

제9회기 잠깐! 먼저 생각하자

활동개요

목표	• 자기대화법을 활용할 수 있다. • 즐거운 대화노트를 작성할 수 있다.	
준비물	필기도구	
주요내용	도입	• 대화하기
	전개	• 지난회기 점검 및 주제 설명하기 • 자기대화법 안내하기 • 게임 유혹상황 해결방법 이야기하기 • 자기대화법을 체크하여 가져오기
	마무리	• 프로그램 요약 · 정리하기 • 소감나누기 • 다음 회기에 대해 안내하기

활동내용

도입

① **대화하기** : 지난 일주일동안 즐거웠던 일 (두 명씩 짝을 지어 지난 일주일동안 즐거웠던 일을 각자 이야기하고 발표한다.)

전개

① **지난회기 점검 및 주제 설명하기** : 지난 시간 프로그램 내용을 점검하고 오늘 주제를 설명한다.

인터넷 혹은 게임을 그만하고 싶은데 포기하게 되는 경우가 많습니다. 그때 "잠깐, 참 좋아!" 자기 대화법을 사용할 수 있습니다. 자기대화법은 생활 속의 컴퓨터 게임 유혹에서 벗어나 긍정적인 길로 걸어가게 하는 한 가지 방법이지요. 일상생활에서 직접 쓸 수 있게 자기대화법으로 역할놀이도 할 것입니다.

② 자기대화법 안내하기

: '잠깐! 지금 뭘 하고 있지?', '게임을 하고 있지.', '할 일이 뭐지?', '숙제가 있어.', '좋아! 시작하자.', '내방으로 출발.'등 게임 중간에 마음속으로 오고 가는 대화를 생각해보는 연습을 한다.

③ 게임 유혹상황 해결방법 이야기하기

: 자기대화법을 활용하여 일상생활 속 게임유혹 상황 시 해결방법 로드맵을 작성한다.

: 참가자는 작성한 자기대화법을 사용하여 역할놀이로 발표한다.

④ 자기대화법을 체크하여 가져오기 : 일주일동안 자기대화법을 체크하여 가져오도록 요청한다.

마무리

① 프로그램 요약 · 정리하기 : 진행자는 프로그램 내용을 요약 · 정리하여 전달한다.

② 소감나누기 : 소감문을 작성하거나 회기를 통해 느낀 점이나 서로에게 하고 싶은 이야기를 한다.

③ 다음 회기에 대해 안내하기

〈활동지 9-1〉

자기대화법 연습하기

1시간 뒤 학원을 가기 전에 숙제를 해야 하는데, 친구에게 인터넷 게임을 하자는 연락이 왔다. 친구가 게임을 2시간만 하자고 해서 컴퓨터 앞에 앉은 상황이다.

stop !! 내가 뭐하는 거지 ?

____

____

____

내가 해야 할 일이 뭐였지 ?

____

____

____

그래 ! 그럼 할 일을 해야지.

____

____

____

제10회기 앞으로도 쭉~!

활동개요

구분		
목표	• 프로그램을 객관적으로 평가할 수 있다. • 적절한 인터넷 활용을 다짐한다. • 참가자와 격려하고 축하한다.	
준비물	프로그램 평가서, 나의 다짐 활동지, 사후검사지	
주요내용	도입	• 신체활동하기
	전개	• 지난회기 점검 및 주제 설명하기 • 프로그램 소감 나누기 • 앞으로 계획하기 • 내 마음 다지기 • 서로 축하하고 격려하기 • 사후검사 하기
	마무리	• 프로그램 요약 · 정리하기 • 소감나누기 • 다음 회기에 대해 안내하기

활동내용

도입

① 신체활동하기 : 빙고 게임(집단원들의 애칭으로 빙고게임을 한다.)

전개

① 지난 회기 점검 및 주제 설명하기 : 지난 시간 프로그램 내용을 점검하고 오늘 주제를 설명한다.

마지막 프로그램을 시작합니다. 각자 프로그램을 통해 가장 기억에 남는 점, 느낀 점, 성공한 점 등을 생각하고 서로 이야기를 나눕니다. 프로그램이 끝나 헤어지더라도 열심히 지키기 위한 다짐도 할 것입니다. 서로를 격려하며 축하하는 시간으로 우리의 변화를 온 마음으로 자축해 봅시다.

② 프로그램 소감 나누기

: 인터넷 사용조절을 성공하기 위한 나의 노력, 자신의 변화, 그리고 프로그램에서 느낀 점 등을 서로 이야기한다.

③ 앞으로 계획하기

: 프로그램 이후에도 남아있는 문제, 프로그램 후 인터넷 시간 조절이 어려울 때 등을 이야기한다.

④ 내 마음 다지기 : 앞으로 꼭 지키겠다고 다짐하는 사항을 적어 발표한다.

⑤ 서로 축하하고 격려하기

: 집단원들이 프로그램을 마무리하며 서로 지지하고 격려하는 시간을 보낸다.

⑥ 사후검사 하기

마무리

① **프로그램 요약 · 정리하기** : 진행자는 프로그램 내용을 요약 · 정리하여 전달한다.

② 전체 프로그램에 대한 소감을 발표한 후 종결한다.

〈활동지 10-1〉

☼ 소감 나누기 ☼

☼ 인터넷 사용조절을 위한 나의 노력

☼ 자신의 변화

☼ 프로그램에서 느낀 점

〈활동지 10-2〉

내 마음 다지기

★ 프로그램에 참가하는 __________는 프로그램을 마친 이후에도

을 꼭 실천하기를 다짐합니다.

년 월 일

이름 : (인)

3) 자기조절 집단 프로그램 적용

초등학생을 대상으로 인터넷 중독을 치료하기 위해 집단상담을 활용한 연구들이 다수 발표되고 있다. 공통적으로 자기조절이론을 기반으로 한 프로그램은 6회기에서 10회기로 구성되었고 프로그램의 내용은 이론에서 제시하고 있는 자존심을 높이기 위한 과정, 미성숙행동을 교정하는 과정, 불안을 해소시키는 과정을 적용하고 있다. 프로그램은 대상의 특성과 상황에 따라 세부내용을 조정하여 사용하고 있다. 현재까지 발표되고 있는 연구들은 청소년 인터넷 중독 예방프로그램(한국청소년상담원, 2000)', '초등학생용 품성계발 심화프로그램(한국청소년상담원, 2003)' 그리고 '인터넷조절 집단상담 프로그램(한국정보문화진흥원, 2002)'을 매뉴얼로 활용하고 있다. 자기조절이론 기반 프로그램은 초등학교 5-6학년을 주 대상으로 회기 당 40-60분으로 운영하였다. 집단크기는 6-8명을 구성하여 주1회를 운영하였다. 선행연구에서 제시하고 있는 프로그램의 상세한 내용은 공통적인 요소를 중심으로 〈표 3-2〉와 같이 정리하였다.

자기조절 이론 기반 집단상담 프로그램을 수행할 때 몇 가지 주안점을 제시하면 다음과 같다.

첫째 자기조절 프로그램은 5학년 이상의 고학년을 대상으로 실시하고 있다. 이는 자기조절 이론이 자기상황에 대한 자기인식에서 출발하기 때문인 것으로 생각된다. 따라서 저학년보다는 고학년을 대상으로 자기조절 프로그램을 선택하는 것이 적절한 것으로 보여 진다.

둘째, 현재까지 발표된 자기조절 혹은 자기통제 프로그램 중에서 선택할 때, 근거이론의 3단계인 자존심을 높이기 위한 과정, 미성숙행동을 교정하는 과정, 불안을 해소시키는 과정이 프레임으로 사용 되어졌는지 확인할 필요가 있다. 이론에 충실하면 자기조절 능력이 효과적으로 배양될 수 있기 때문이다.

셋째, 자기조절능력이 상대적으로 취약한 초등학생을 대상으로 하기 때문에 프로그램 중간에 부모와 함께할 수 있는 프로그램을 병행하는 것이 효과적이다. 예를 들어 부모교육이나 부모상담을 병행하거나 부모 자녀 간 합의된 행동목록을 작성한 프로그램 등이 포함될 필요가 있다.

넷째, 치료개입 이후 사후개입 회기를 진행할 필요가 있다. 이때 개인별 변화양상을 살펴보고, 성공요인 및 프로그램 참여소감을 통해 집단상담의 효과가 지속될 수 있도록 한다.

〈표 3-2〉 선행연구의 자기조절 집단 프로그램 예시

고수연(2002)	김은영(2007)	박영화(2009)
자기 개방 및 feedback • 자기소개 • 서로의 애칭 지어주기	너랑 나랑 마음열기 • 환영인사 및 진행자소개하기 • 조각상 체험하기 • 인터넷 퀴즈열기 • 자기소개, 별칭 짓기 • 인터넷 사용시간표 작성하기(과제제시)	관계형성 및 동기유발하기 • 상담의 목표 및 규칙정하기 • 상담에 참여하게 된 소감 및 느낌 이야기하기 • 자기소개 및 별칭 짓기 • 인터넷 중독의 실태-뉴스 자료 보고 이야기하기 • 인터넷의 장단점 알아보기 • 자신의 인터넷 사용정도 알아보기 • 인터넷 사용자기 행동 관찰 표 작성 요령 설명
나의 에너지 상태 • 시간별, 생활영역별로 정신에너지의 흐름 그래프로 그리기 • 정신에너지를 빼앗는 생각을 긍정적으로 고치기	나의 에너지 상태 점검하기 • 지난 회기 있었던 일 과제점검하기 • 과다사용조절 시도한 경험 나누기 • 자신의 인터넷 사용방식 인정하기 • 과다사용에 대한 장단점 기록하기 • 장기적인 결과 예측하기 • 느낌 나누기	인터넷 사용에 대한 목표 설정 • 자기 행동 관찰 기록 결과 검토하기 • 인터넷 사용시간과 내용 • 인터넷 사용에 대한 부모님의 태도와 내 태도 알아보기 • 개별적으로 이야기 나눈 후 느낌 상호간에 격려해주기 • 사용방법 안내하기 • 컴퓨터 자동종료 프로그램을 사용하여 시간 조절하기 • 부모 · 자녀 간 합의된 행동목록표 작성하기
나의 생활 살피기 • 세미와 두봉이의 하루 읽고 느낌 나누기 • 시간관리 상태를 살피고 비효과적 활동 시간 및 요인 찾기	나의 생활점검 • 지난 회기 후 인터넷 사용 주간기록표(줄어든 상황 알아보기) 작성하기 • 시간조절을 위해 할 수 있는 일 알아보기	내 마음을 알아차리고, 전하기 • 지난 한 주간에 있었던 일과 과제 점검 • 부모 · 자녀 간 합의된 행동목록을 발표하고, 실현 가능한 내용으로 수정하기

고수연(2002)	김은영(2007)	박영화(2009)
	• 시간 관리상태 살피고 비효과적인 시간 및 요인실천표 작성하기 • 인터넷일기 써보기 • 가장 해보고 싶은 활동하기	• 자신이 알고 있는 감정의 종류 알기 • 자신이 평소 표현하는 감정 알아보고 소감 나누기 • 제대로 한 감정표현과 제대로 안한 감정표현 알아보기 • 자기주장적, 소극적, 공격적 행동구별하기 및 실습하기 • 역할극을 통해서 실제 상황 연습하기 • 나 메시지, 너 메시지를 이용한 의사소통 배우기
실천 가능한 목표 세우기 • 장기, 중기, 단기, 일일 실천 목표 세우기 • 자기강화 방법 찾기 **일의 우선순위 정하기** • 일의 중요성에 따라 우선순위 정하기 • 나의 하루생활 계획 짜기 **내적 걸림돌과 외적 걸림돌** • 걸림돌과의 승부 • 역할놀이 하기 • 걸림돌 파악하기 • 환경 재구조화 하기 • 인생의 갈림길	**실천목표세우기** • 나의 미래상 그리기 • 목표 세우는 방법 알기 • 장기, 중기, 단기, 일일 실천목표 세우기 • 자기강화법 세우기 **마음의 평화를 향하여** • 나의 외적, 내적 갈등 찾기 • 여러가지 상황에서의 갈등 요소를 찾아 역할 행하기 • 갈등파악, 환경 재구조화 • 인생의 갈등을 찾아보고 이야기 나누기 • 조절적 행동의 유익한 점 나누기	**스트레스 해소하기** • 행동목록표 검토하기 • 행동목록표 실천하면서 힘들었던 점, 변화된 점 알아보기 • 지키기 어렵거나 너무 높은 수준의 행동목록을 개별적으로 수정하기 • 스트레스의 종류와 대처 방식 알아보기 • 스트레스의 종류를 빙고게임을 통해 알아보기 • 스트레스 해소 및 대처 방법을 알아보기
내가 바라는 나의 모습 • 바라는 나의 모습 작성하기 • 완벽한 하루 구상하기 **죽음에 이른 나** • 죽음을 각성한 상태와 못한 상태에서의 시간활용 계획 짜기 **나에게 쓰는 편지** • 생활계획표 점검하기	**멋진 나** • 멋진 내 모습 작성하기 • 완벽한 하루 구상하기 • 과거, 현재, 미래의 내 모습 그리기 • 느낌 나누기 **잠깐, 참, 좋아** • 게임 중 오고가는 대화 생각하기 • 즐거운 자기대화법 안내하기 • 일상생활 속 self talk 점검하기	**소중한 나** • 내 마음의 보물과 1년 이내에 꼭 이루고 싶은 소망 알아보기 • 나의 장점 6가지 알아보기 • 주사위를 던져 나온 숫자만큼 장점 이야기 하기

고수연(2002)	김은영(2007)	박영화(2009)
• 동료로부터 지지 얻기 • 나에게 편지쓰기	• 자기대화법 점검해서 갖고 오기 • 느낌 나누기	
재점검 및 소감 발표 • 프로그램을 통해 삶에 반영하고 싶은 사항 작성하기 • 변화된 나의 모습 확인하기	소감발표 및 정리 • 사후 검사 실시하기 • 마지막 회기 점검하기 • 자신의 변화된 점 이야기 나누기 • 재활방지에 대한 의견나누기 • 소감정리하기 • 격려, 축하하기	행동 목록표 검토하기 • 행동목록표의 평균점수를 막대그래프로 나타내기 • 변화양상 살펴보고, 지지하기 • 성공요인 및 행동목록표 실천 하면서 느낀 어려운 점이나 좋았던 점 알아보기 • 나 자신에게 보내는 편지를 통해 앞으로의 나의 행동 계획을 세우고 서약하기

2. 미술치료를 기반한 집단 프로그램

미술치료는 이미지 표출과정에서 비언어적 이미지와 시각적 이미지를 통해 상실, 왜곡, 방어, 억제되어있는 내적 상황을 나타내고, 자기상을 재발견하여 자기실현을 도모한다. Freud는 창작행위가 자유연상을 통해서 무의식세계를 의식세계로 표현하는 것이라고 하였다. 이러한 과정이 마음의 갈등과 좌절감을 갖게 하는 요소들을 외면화함으로써 해방감과 고통의 경감을 가져다준다. 20세기에 들어오면서 정신의학은 이미지와 인간의 감정 및 무의식이 관련되어 있어, 미술의 창조와 제작과정이 개인의 성장과 재활을 북돋을 수 있다고 주장하였다. 이후 미술치료는 건강과 의료의 치료 양식으로 인식되고 있다.

미술치료는 내담자들의 무의식을 탐구해가는 효과적인 기법으로 다른 심리 치료에 비해 억제된 공격성, 분노감 등을 해소와 그로 인한 카타르시스의 경험이 정서적 안정감을 가져다준다(Malchiodi, 2000). 내면세계에 간직된 인간의 감정을 자유롭게 끌어올리고, 동시에 언어로 서로 부딪치는 감정을 표현하여 감정 교류 역할을 하게 된다(김동연, 이성희, 1997).

미술치료가 다른 심리치료에 비해 갖는 장점을 정리하면 다음과 같다. 첫째, 미술치료는 언어를 대신하여 자신의 내면을 상징적으로 표현하는 의사소통 도구이다(Malchiodi, 2000). 미술은 비언어적 의사표현으로 방어를 감소시키며, 특히 언어로 의사표현이 어려운 청소년이나 장애인 의사소통의 도구로서 더욱 적합하다. 둘째, 미술치료는 무의식인 정신세계의 표출을 돕는다(Wadeson, 1987). 미술치료는 자기방어를 감소시켜 무의식의 상태를 드러내도록 한다. 셋째, 미술치료는 미술 활동을 통해 억제된 공격성, 분노감 등을 해소시켜, 카타르시스를 경험하고(Malchiodi, 2000), 정서적 안정과 더 나아가 자기통제력 및 자기 성취감을 키워준다.

인터넷 중독 청소년은 인터넷 이외의 자신에게 즐거움과 행복을 주는 다른 활동으로부터 소외되어있는 상태이다. 인터넷 중독은 몰입과 집중이라는 성격이 강하므로 강제적으로 인터넷의 사용을 금하거나 줄이기보다는 자연스럽게 관심을 다른 쪽으로 옮겨갈 수 있도록 유도하는 것이 효과적이다. 이러한 관점에서 볼 때 미술치료는 미술이라는 친숙한 활동을 통해 거부감을 줄이면서 심리적인 접근을 하는 것이다. 스스로 주체가 되어 창조적 활동을 주도해 감으로써 통제감을 가질 수 있으며, 미술활동의 과정과 완성품을 통해 감정적 자극을 유발할 수 있어 인터넷을 대체하는 활동으로 적합하다고 할 수 있다(문리학, 2007). 또한 공동작업 과정에서 집단응집력을 경험하고, 작품 감상과 토론과정에서 이루어진 서로에 대한 지지경험이 가상적 대인관계 지향성을 감소시키고 현실에서의 대인관계에 흥미와 자신감을 갖게 한다(심언희, 2013; 신아름, 2011). 집단미술치료는 인터넷 중독으로 부정적 자아와 대인관계 단절을 경험하고 있는 내담자에게 자기존중감 향상과 긍정적 삶의 자세를 갖게 하고, 다양한 협동 작업을 통하여 타인과 가까워지고 공동체 의식을 갖게 한다.

미술치료는 실천가가 기반으로 하는 이론에 따라 활용과 해석을 달리하고 있다. 주로 사용하고 있는 정신분석적 미술치료는 세 가지 구성요소 즉 자기탐구로 분열된 자기 찾기, 투사과정으로 환상 찾고 해석하기, 전이 과정으로 욕망 찾고 증상의 의미 해석하기를 기본으로 한다. 미술치료에서 활용되는 기법은 내용을 그리기, 표현하기, 색칠하기, 오리기, 붙이기, 접기, 만들기, 꾸미기 등이 있다. 종합적인 기법으로는 꼴라쥬 기법, 판화기법이 있으며 다른 예술활동과 접목하여 독서, 문학, 연극, 놀이, 스포츠를 종합하여 통합예술기법을 활용하고 있다.

1) 프로그램 목표

본 프로그램은 인터넷에 몰입되어 중독성향을 보이는 초등학생들에게 집단미술치료 프로그램을 실시하여 감성지능과 인터넷 중독 개선에 미치는 효과를 살펴보기 위한 것이다. 구체적인 프로그램 목표는 다음과 같이 다양하게 제시될 수 있다.

첫째, 집단미술치료 프로그램이 인터넷 중독 초등학생의 감성지능(자아인지, 감정조절, 긍정성·낙관성, 감정이입, 대인관계) 향상에 효과가 있다.

둘째, 집단미술치료 프로그램이 초등학생의 인터넷 중독성 감소에 효과가 있다.

셋째, 집단미술치료 프로그램이 초등학생의 공격성 감소에 효과가 있다.

넷째, 집단미술치료 프로그램은 초등학생의 감정과 욕구를 표현하는 기회를 제공한다.

다섯째, 집단미술치료 프로그램이 초등학생의 자기통제력을 향상시킨다.

2) 프로그램 구성 및 원리

본 프로그램은 인터넷 중독 요인에 초점을 두고 다양한 미술 기법을 활용하여 자신의 심적 상태를 표현할 수 있도록 구성하였다. 이 프로그램은 초기단계(1-3회)와 중기단계(4-6회), 종결단계(7-10회)로 나누어 실시하였다. 각 회기는 60분으로 미술치료의 특성에 맞게 구조적·비구조적 활동을 혼합하여 설계하였다.

초기단계인 1-3회는 친밀감 형성 및 흥미유발 과정으로 청소년들의 환경과 행동양식을 알기 위한 탐색과 연구자의 존재를 인식시키는 시작단계이다. 집단원간의 친밀감을 형성하며 흥미를 유발해 프로그램에 적극적인 참여를 유도하는 내용으로 구성하였다.

중기단계는 4-6회기로 자기이해와 자존감 향상과정이다. 자아존중감 향상과 정서적 안정을 도모하며 긍정적인 나의 모습을 표현하며 이를 실천할 수 있는 계획을 세워보는 내용으로 구성하였다. 종결단계는 7-10회로 인터넷 중독 인식 및 문제해결과정이다. 인터넷/스마트폰 과다사용 문제에 대한 자기인식을 경험하며, 자신을 표현하는 방식을 만들어 희망을 구체화시키는 활동을 해본다. 또한 건강한 감정표출을 통해 긍정적인 자아상을 인식하여 과다사용 문제를 해결하고자 하는 내용으로 구성하였다.

〈표 3-3〉 미술치료 집단 프로그램 세부내용

단계	회기	주제	목표	준비물	시간
친밀감형성 및 흥미유발	1	안녕 친구들~	• 집단원간의 친밀감이 형성된다. • 참가자의 긴장감이 이완된다.	• A4용지 • 필기도구(연필, 색연필, 싸인펜, 지우개) • 8절지, 물감, 신문지, 물티슈	60분
	2	나는 누구?	• 집단원간의 친밀감이 형성된다.	• 밀가루 풀, 넓은 접시, 신문지, 물티슈 • 8절지 도화지, 필기도구(연필, 싸인펜) • 글라스데코, 스카치테이프	60분
	3	함께 그려볼까?	• 집단원간의 친밀감이 형성된다. • 참가자의 흥미를 유발하여 프로그램에 적극적인 참여를 유도한다.	• 구슬, 물감, 전지, 물티슈 • 신문지, 물감	60분
자기이해 및 자아존중감 향상	4	내가 100% 집중할 수 있는 것	• 참가자의 자아존중감이 향상된다. • 참가자의 정서적 안정을 도모한다.	• 소금, 파스텔, 색종이, 아이스컵 • 아이스크림 막대, 눈알, 스팽글 • 글루건, 신문지, 물티슈, 8절지	60분
	5	우리는 원팀!	• 자기이해 및 타인이해를 통해 집단응집력이 향상된다.	• 찰흙, 고무찰흙, 지점토, 찰흙도구	60분
	6	미래의 나의모습-꼴라쥬	• 미래의 긍정적인 나의 모습을 표현할 수 있다. • 미래를 위해 현재 실천계획을 세울 수 있다.	• 꼴라쥬 재료(잡지, 신문, 다양한 미술재료), 풀, 가위	60분

단계	회기	주제	목표	준비물	시간
인터넷 중독인식 및 문제해결	7	나의 반반표정과 감정 조각 맞추기	• 일과 점검을 통해 나의 모습을 객관화한다. • 인터넷/스마트폰 과다사용 시 문제에 대해 인식한다.	• 도화지, 8절지 • 필기도구(싸인펜, 볼펜, 연필, 파스텔, 지우개) • 감정카드, 감정표정, 가위, 풀	60분
	8	인터넷/스마트폰 갈등해결하기	• 인터넷/스마트폰 사용습관을 점검하여 자기인식을 경험한다.	• 자기상자(직접 준비할 것) • 스티로폼, 색찰흙, 불어펜, 구슬, 방울, 색연필, 지점토, 스티커, 면도크림, 색모래, 반짝이 풀, 도화지, 비비탄, 글루건, 파스텔 • 글라스데코, 신문지 휴지, 물감 • 화선지, 먹물, 물약병, 분무기, 싸인펜	60분
	9	내 마음 방석 만들기	• 자신을 표현하는 방석을 만들어 희망을 구체화시킬 수 있다. • 안전한 공간을 만들어 스스로를 지지한다.	• 방석꾸미기 재료(노끈, 방울, 반짝 이등) • 부직포, 가위, 하루핀, 스탬플러 • 필기도구(색연필, 싸인펜) • A4용지, 포스트잇	60분
	10	앞으로 나는	• 건강한 감정표출을 통해 긍정적인 자아상을 인식한다.	• 찰흙 • 찰흙도구 • 신문지, 물티슈	60분

제1회기 안녕 친구들

활동개요

구분		내용
목표		• 집단원간의 친밀감이 형성된다. • 참가자의 긴장감이 이완된다.
준비물		A4용지, 필기도구(연필, 색연필, 싸인펜, 지우개), 8절지, 물감, 신문지, 물티슈
주요내용	도입	• 프로그램 시작 전 네모모양의 자리를 배치하기 • 참가자와 반갑게 인사 나누기 • 프로그램 진행자를 소개하고 프로그램에 대해 설명하기 • 프로그램 사전검사를 실시하기
	전개	• 나의 강점 찾기 • 짝꿍과 나누기 • 사전검사 실시하기 • 데칼꼬마니 작업하기
	마무리	• 본 회기 내용 요약 · 정리하기 • 참가자의 소감을 듣고 나누기 • 다음 회기 내용을 미리 고지하기 • 사용한 재료와 자리를 정리하며 마무리 인사하기

활동내용

도입

① 프로그램 시작 전 네모모양의 자리를 배치하기

② 참가자와 인사 나누기

③ 팅팅 탱탱 게임하기('팅팅 탱탱'게임을 통해 집중력과 흥미를 유발한다.)

④ 프로그램 진행자를 소개하고 프로그램에 대해 설명하기

⑤ 프로그램 사전검사를 실시하기

전개

> 우리는 오늘부터 나를 찾는 긴 항해를 시작합니다. 프로그램을 마칠 때까지 친구들과 함께 할 것입니다. 혼자 생각하고 작업하기도 하고, 서로 더불어 함께 할 수도 있습니다. 매 회기 만든 작품에 대해 서로 이야기를 나눌 텐데 발표하기 어려운 친구는 하지 않아도 괜찮습니다. 그러나 다른 친구의 이야기는 잘 들어주어야 합니다.
> 오늘은 배가 항구를 떠나는 날입니다. 승선한 친구들이 서로를 알아가는 시간으로, 네임텐트를 이용하여 나를 소개하며 시작하겠습니다.

① 나의 강점 찾기 : 활동지를 활용하여 나의 강점을 생각해보고 작성한다.

② 참가자와 나누기 : 오른쪽 옆에 있는 참가자와 자신의 강점을 소개한다.

③ 데칼꼬마니 작업하기

: 참가자에게 8절지 도화지를 나누어 주고, 분단별로 물감, 물티슈를 나누어 준다. 도화지를 반으로 접었다 펼치고 물감을 짠 후 다시 반으로 접었다가 펼친다.

④ 사전검사 실시하기

마무리

① 프로그램 요약 · 정리하기 : 진행자는 프로그램 내용을 요약 · 정리하여 전달한다.

② 참가자의 소감을 듣고 나누기

③ 다음 회기 내용을 미리 고지하기

④ 사용한 재료와 자리를 정리하며 마무리 인사하기

〈활동지 1-1〉

〈나의 강점 찾기〉

강점 1	
강점 2	
강점 3	
강점 4	
강점 5	
강점 6	
강점 7	

제2회기 안녕 나는 누구?

활동개요

목표	집단원 간의 친밀감이 형성된다.	
준비물	8절지 도화지, 필기도구(연필, 싸인펜), 글라스데코, 스카치테이프, 물감, 밀가루, 풀, 접시, 물티슈, 신문지	
주요내용	도입	• 프로그램 시작 전 네모모양의 자리를 배치하기 • 참가자와 반갑게 인사 나누기 • 프로그램 진행자를 소개하고 프로그램에 대해 설명하기
	전개	• 핑거 및 글라스테코로 작업하기 • 소감나누기
	마무리	• 본 회기 내용 요약 · 정리하기 • 참가자의 소감을 듣고 나누기 • 다음 회기 내용을 미리 고지하기 • 사용한 재료와 자리를 정리하며 마무리 인사하기

활동내용

도입

① 프로그램 시작 전 네모모양의 자리를 배치하기

② 참가자와 반갑게 인사 나누기

③ 프로그램 진행자를 소개하고 프로그램에 대해 설명하기

전개

붓을 사용하지 않고 손가락으로 직접 그림을 그리는 핑거페인팅은 여러 가지 색을 섞어 자연스럽게 내 마음을 표현해보도록 합니다. 내 마음을 표현한 다음 물감처럼 생긴 액체인 글라스데코를 이용해서 내가 생각하는 나를 표현해 봅니다. 나무나 꽃, 동물 같은 살아있는 생물도 좋고요, 컴퓨터나 핸드폰, 가방과 같은 무생물도 괜찮습니다. 특별한 나를 상징할 수 있는 무엇으로 그려봅시다. 과연 나는 무엇일까요?

① 핑거페인팅 하기

: 네모모양으로 배치된 책상에 먼저 신문을 깐다.

: 참가자에게 8절지 도화지를 나눠주고, 분단별로 물감, 밀가루, 풀, 넓은 접시, 물티슈를 나누어 준다.

: 밀가루와 풀을 넓은 접시에 덜어 물감과 섞어서 도화지에 손으로 모양을 찍거나 색칠하며 그림을 완성한다.

② 글라스테코로 작업하기

: 참가자에게 8절지 도화지를 나눠주고, 분단별로 재료를 나눠주어 자유롭게 사용할 수 있도록 한다.

: 자신을 상징(예, 식물, 동물, 사물 등)할 수 있는 것을 표현한다.

③ 소감 나누기 : 참가자는 작품을 발표하고 다른 참가자들과 서로 느낌을 나눈다.

마무리

① 프로그램 요약 · 정리하기 : 진행자는 프로그램 내용을 요약 · 정리하여 전달한다.

② 참가자의 소감을 듣고 나누기

③ 다음 회기 내용을 미리 고지하기

④ 사용한 재료와 자리를 정리하며 마무리 인사하기

제3회기 함께 그려볼까?

활동개요

<table>
<tr><td>목표</td><td colspan="2">• 집단원간의 친밀감이 형성된다.
• 참가자의 흥미를 유발하여 프로그램에 적극적인 참여를 유도한다.</td></tr>
<tr><td>준비물</td><td colspan="2">구슬, 물감, 전지, 물티슈, 신문지, 물감</td></tr>
<tr><td rowspan="3">주요내용</td><td>도입</td><td>• 프로그램 시작 전 네모모양의 자리를 배치하기
• 참가자와 반갑게 인사 나누기
• 프로그램 진행자를 소개하고 프로그램에 대해 설명하기</td></tr>
<tr><td>전개</td><td>• 물감구슬로 협동화하기
• 소감나누기</td></tr>
<tr><td>마무리</td><td>• 본 회기 내용 요약 · 정리하기
• 참가자의 소감을 듣고 나누기
• 다음 회기 내용을 미리 고지하기
• 사용한 재료와 자리를 정리하며 마무리 인사하기</td></tr>
</table>

활동내용

도입

① 프로그램 시작 전 네모모양의 자리를 배치하기

② 참가자와 반갑게 인사 나누기

③ 프로그램 진행자를 소개하고 프로그램에 대해 설명하기

전개

세상은 혼자가 아닌 여럿이 어울려 살아야 합니다. 그래서 다른 사람과 마음을 맞추어 해야 할 상황이 많습니다. 내 마음대로 움직여주지 않는 구슬로 그림 그리면서 다른 친구와 협동할 수 있습니다. 나의 부족한 부분을 친구가, 친구의 부족한 부분을 내가 채울 수 있습니다.

① 물감구슬로 협동화하기

: 책상을 치운 바닥에 신문을 깐다.

: 신문지 위에 전지를 깐다.

: 집단원을 소규모 팀으로 나누어 개인에게 구슬을 여러 개 나눠주고 물감을 묻히게 한다.

: 집단원들이 물감을 묻힌 구슬을 돌아가며 굴려 선을 이용한 협동화를 완성한다.

② 소감 나누기 : 완성된 협동화를 보여 어떤 생각이 드는지, 어떤 느낌이 드는지에 대한 협동작업 소감을 이야기한다.

마무리

① 프로그램 요약 · 정리하기 : 진행자는 프로그램 내용을 요약 · 정리하여 전달한다.

② 참가자의 소감을 듣고 나누기

③ 다음 회기 내용을 미리 고지하기

④ 사용한 재료와 자리를 정리하며 마무리 인사하기

제4회기 내가 100% 집중 할 수 있는 것

활동개요

목표	• 참가자의 자아존중감이 향상된다. • 참가자의 정서적 안정을 도모한다.	
준비물	소금, 파스텔, 색종이, 아이스 컵, 아이스크림 막대, 눈알, 스팽글, 글루건, 신문지, 물티슈	
주요내용	도입	• 프로그램 시작 전 네모모양의 자리를 배치하기 • 참가자와 반갑게 인사 나누기 • 프로그램 진행자를 소개하고 프로그램에 대해 설명하기
	전개	• 화분 만들기 • 소감나누기
	마무리	• 본 회기 내용 요약 · 정리하기 • 참가자의 소감을 듣고 나누기 • 다음 회기 내용을 미리 고지하기 • 사용한 재료와 자리를 정리하며 마무리 인사하기

활동내용

도입

① 프로그램 시작 전 네모모양의 자리를 배치하기

② 참가자와 반갑게 인사 나누기

③ 프로그램 진행자를 소개하고 프로그램에 대해 설명하기

전개

화분은 식물이나 꽃을 담는 그릇입니다. 화분으로 오늘은 나를 담아보겠습니다.
나를 소중하게 담아 줄 화분을 튼튼하고 예쁘게 만들어 봅시다. 과연 어떤 모습일까요?

① 화분 만들기

: 네모모양으로 배치된 책상에 먼저 신문을 깐다.

: 분단 별로 소금, 파스텔, 색종이, 투명 아이스 컵, 아이스크림 막대, 물티슈를 나누어 준다.

: 소금에 파스텔 가루를 넣고 비벼 색 소금을 만든다.

: 마음에 드는 색 소금을 만들어 투명 아이스 컵에 층층이 쌓은 후 색종이로 해바라기를 접어 아이스크림 막대를 이용하여 투명 아이스 컵에 꽂아 준다.

: 눈알과 마음에 드는 스팽글 모양을 골라 글루건으로 붙여 꾸며준다.

② 소감나누기 : 참가자는 자신이 만든 화분에 대해 발표하고 참가자와 느낌을 이야기 한다.

마무리

① 프로그램 요약 · 정리하기 : 진행자는 프로그램 내용을 요약 · 정리하여 전달한다.

② 참가자의 소감을 듣고 나누기

③ 다음 회기 내용을 미리 고지하기

④ 사용한 재료와 자리를 정리하며 마무리 인사하기

제5회기 우리는 원팀!

활동개요

목표	자기이해 및 타인이해를 함을 통해 집단응집력이 향상된다.	
준비물	찰흙, 고무찰흙, 지점토, 찰흙도구	
주요내용	도입	• 프로그램 시작 전 네모모양으로 자리를 배치하기 • 참가자와 반갑게 인사 나누기 • 프로그램 진행자를 소개하고 프로그램에 대해 설명하기
	전개	• 찰흙으로 만들기 • 소감나누기
	마무리	• 본 회기 내용 요약 · 정리하기 • 참가자의 소감을 듣고 나누기 • 다음 회기 내용을 미리 고지하기 • 사용한 재료와 자리를 정리하며 마무리 인사하기

활동내용

도입

① 프로그램 시작 전 네모모양의 자리를 배치하기

② 참가자와 반갑게 인사 나누기

③ 프로그램 진행자를 소개하고 프로그램에 대해 설명하기

전개

우리는 다른 사람과 함께 무언가를 해야 하는 일이 종종 있습니다. 의견이 다를 수도 같을 수도 있기 때문에 팀을 위해 때로는 주장도 하고 양보도 합니다. 그러면서 함께 이기는 것이지요. 오늘 찰흙으로 작품을 만들면서 우리도 함께 성공하는 것을 경험할 것입니다. 이때 친구와 말은 하지 않고 몸짓과 표정으로도 이야기할 것입니다. 한번 시작해 볼까요?

① 찰흙으로 만들기

: 책상에 신문지를 깐다.

: 분단별로 찰흙 재료를 나누어준다.

: 분단 집단원이 무엇을 만들지 주제단어를 선택한다.

: 주제를 선택한 후 작품을 함께 만든다. 이때 집단원들 간에는 비언어적 의사소통만 가능하며 한 명도 빠짐없이 돌아가면서 작품을 완성한다.

: 최종 작품이 완성되기 전에 수정하고 싶은 참가자가 있으면 다른 집단원과 의견을 조율하여 수정한다.

② 소감 나누기

: 집단별로 협동작품에 대해 발표하고 이야기를 나눈다.

: 협동 과정 중의 생각, 감정 등을 공유한다.

마무리

① 프로그램 요약 · 정리하기 : 진행자는 프로그램 내용을 요약 · 정리하여 전달한다.

② 참가자의 소감을 듣고 나누기

③ 다음 회기 내용을 미리 고지하기

④ 사용한 재료와 자리를 정리하며 마무리 인사하기

제6회기 미래의 나의모습 - 꼴라쥬

활동개요

<table>
<tr><td>목표</td><td colspan="2">• 미래의 긍정적인 나의 모습을 표현할 수 있다.
• 미래를 위해 현재 실천계획을 세울 수 있다.</td></tr>
<tr><td>준비물</td><td colspan="2">도화지, 꼴라쥬 재료(잡지, 신문, 다양한 미술재료), 풀, 가위</td></tr>
<tr><td rowspan="3">주요내용</td><td>도입</td><td>• 프로그램 시작 전 네모모양으로 자리를 배치하기
• 참가자와 반갑게 인사 나누기
• 프로그램 진행자를 소개하고 프로그램에 대해 설명하기</td></tr>
<tr><td>전개</td><td>• 꼴라쥬 작업하기
• 소감나누기</td></tr>
<tr><td>마무리</td><td>• 본 회기 내용 요약 · 정리하기
• 참가자의 소감을 듣고 나누기
• 다음 회기 내용을 미리 고지하기
• 사용한 재료와 자리를 정리하며 마무리 인사하기</td></tr>
</table>

활동개요

도입

① 프로그램 시작 전 네모모양의 자리를 배치하기

② 참가자와 반갑게 인사 나누기

③ 프로그램 진행자를 소개하고 프로그램에 대해 설명하기

전개

청사진은 미래에 대한 나만의 계획입니다. 다양한 재료를 사용해서 나만의 장밋빛 청사진 꼴라쥬를 만들어 봅시다. 미래의 계획은 현재의 노력으로 이루어집니다. 나는 구체적으로 어떤 노력을 할 수 있을까요.

① 꼴라쥬 작업하기

: 참가자에게 도화지를 나눠주고 꼴라쥬 재료를 분단별로 나누어준다.

: 미래에 나를 상징할 수 있는 것을 꼴라쥬로 표현한다.

: 미래의 나를 위해 현재 할 수 있는 구체적인 행동을 적는다.

② 소감나누기

: 작품에 대해 발표하고 이야기를 나눈다.

: 실천행동에 대해 다짐하는 시간을 갖는다.

마무리

① 프로그램 요약 · 정리하기 : 진행자는 프로그램 내용을 요약 · 정리하여 전달한다.

② 참가자의 소감을 듣고 나누기

③ 다음 회기 내용을 미리 고지하기

④ 사용한 재료와 자리를 정리하며 마무리 인사하기

제7회기 나의 반반표정과 감정 조각 맞추기

활동개요

<table>
<tr><td>목표</td><td colspan="2">• 일과 점검을 통해 나의 모습을 객관화한다.
• 인터넷/스마트폰 과다사용 시 문제에 대해 인식한다.</td></tr>
<tr><td>준비물</td><td colspan="2">도화지, 필기도구(색연필, 크레파스), 색종이, 풀, 가위, 8절지, 감정카드, 감정표정</td></tr>
<tr><td rowspan="3">주요내용</td><td>도입</td><td>• 프로그램 시작 전 네모모양의 자리를 배치하기
• 참가자와 반갑게 인사 나누기
• 감정 게임하기
• 프로그램 진행자를 소개하고 프로그램에 대해 설명하기</td></tr>
<tr><td>전개</td><td>• 일과표 만들기
• 나의 표정 만들기
• 소감나누기</td></tr>
<tr><td>마무리</td><td>• 본 회기 내용 요약 · 정리하기
• 참가자의 소감을 듣고 나누기
• 다음 회기 내용을 미리 고지하기
• 사용한 재료와 자리를 정리하며 마무리 인사하기</td></tr>
</table>

활동내용

도입

① 프로그램 시작 전 네모모양의 자리를 배치하기

② 참가자와 반갑게 인사 나누기

③ 감정 게임하기 : 팀을 나누어 감정카드로 스피드 퀴즈를 하여 감정의 종류에 대해 알아보고 흥미를 유발한다.

④ 프로그램 진행자를 소개하고 프로그램에 대해 설명하기

전개

누구에게나 하루는 24시간입니다. 시간을 사용하는 모습에서 그 사람이 중요하게 생각하는 것을 알 수 있지요. 나의 하루는 어떨까요? 하루종일 인터넷/스마트폰을 하는지, 친구와 가족과 함께 보내는지 나의 하루일과를 확인하고 만약 조금 바꾸고 싶다면 어떻게 바꿀 수 있을지 그려봅시다.
사람은 다양한 감정을 가지고 있습니다. 공부할 때, 놀 때, 인터넷을 할 때 한 가지 감정이 아닌 여러 가지 감정이 혼재되어 나타납니다. 상황마다 과연 어떤 감정이 나를 지배하고 있을까요? 스마트폰을 할 때, 하지 않을 때 내 기분을 생각해본 적이 있습니까? 없다면 지금 한번 생각해 봅시다. 두 상황에 나는 어떤 기분일까요?

① 일과표 만들기

: 참가자에게 도화지와 필기도구를 나눠준다.

: 참가자 스스로가 생각하는 컴퓨터 많이 하는 하루(요일)를 선택한다.

: 도화지 반을 접어 선택한 하루의 일과를 생활계획표를 그린다.

: 나머지 반에 앞으로 변화를 원하는 일과를 그린다.

② 나의 표정 만들기

: 8절지 도화지, 필기도구(색연필, 싸인펜), 감정표정, 가위, 풀을 나누어 준다.

: 도화지를 반으로 나누어 왼쪽에는 스마트폰을 하고 있을 때의 나의 표정, 오른쪽에는 스마트폰을 하지 않을 때의 나의 표정을 감정표정에서 찾아 붙인다. 색연필과 싸인펜으로 꾸며본다.

③ 소감 나누기

: 두 그림을 비교하여 차이를 발견한 후 원하는 일과를 위해 할 수 있는 일을 간단히 작성한다.

: 참가자는 생활계획표를 발표하고 이야기를 나눈다.

: 실천의지를 집단원 앞에서 다짐한다.

마무리

① 프로그램 요약 · 정리하기 : 진행자는 프로그램 내용을 요약 · 정리하여 전달한다.

② 참가자의 소감을 듣고 나누기

③ 다음 회기 내용을 미리 고지하기

④ 사용한 재료와 자리를 정리하며 마무리 인사하기

〈활동지 7-1〉

나의 일과표

아래의 일과표를 참고하여 도화지에 현재의 일과표와 미래의 일과표를 그려본다.

〈활동지 7-2〉

나의 표정 찾아보기

인터넷 하기 전의 표정	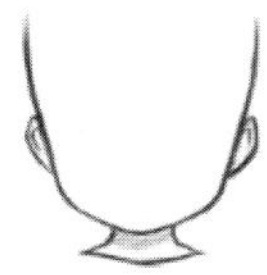 ______ 표정	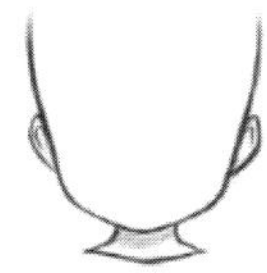 ______ 표정	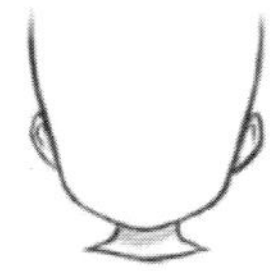 ______ 표정
인터넷 하고 있는 동안 표정	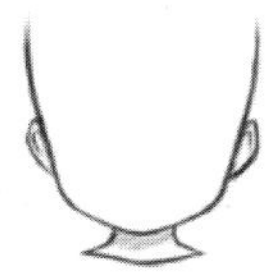 ______ 표정	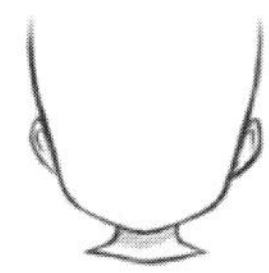 ______ 표정	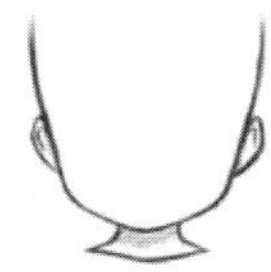 ______ 표정
인터넷 하고 난 후 표정	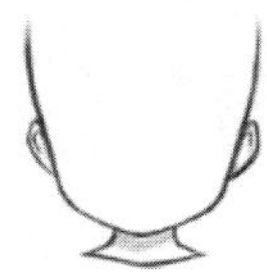 ______ 표정	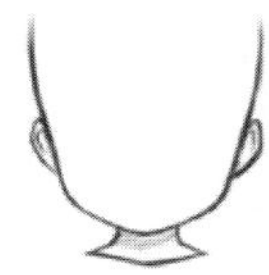 ______ 표정	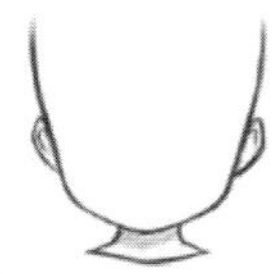 ______ 표정

제8회기 인터넷/스마트폰과의 갈등해결하기

활동개요

목표	인터넷/스마트폰 사용습관 점검하여 자기인식을 경험한다.	
준비물	자기상자(직접 준비할 것), 스티로폼, 색찰흙, 불어펜, 구슬, 방울, 색연필, 지점토, 스티커 화선지, 먹물, 물약 병, 분무기, 휴지, 물감, 도화지, 싸인펜, 파스텔	
주요내용	도입	• 프로그램 시작 전 네모모양으로 자리를 배치하기 • 참가자와 반갑게 인사 나누기 • 프로그램 진행자를 소개하고 프로그램에 대해 설명하기
	전개	• 내 모습 알아보기 • 소감나누기
	마무리	• 본 회기 내용 요약 · 정리하기 • 참가자의 소감을 듣고 나누기 • 다음 회기 내용을 미리 고지하기 • 사용한 재료와 자리를 정리하며 마무리 인사하기

활동개요

도입

① 프로그램 시작 전 네모모양의 자리를 배치하기

② 참가자와 반갑게 인사 나누기

③ 프로그램 진행자를 소개하고 프로그램에 대해 설명하기

전개

각자 상자를 준비해 왔나요? 상자는 일반적으로 나를 말합니다. 나-상자에 안과 밖을 나로 꾸며봅시다. 인터넷/스마트폰 할 때 언제나 즐거운 것은 아닙니다. 때로는 갈등이 생깁니다. 이때 내 마음은 안에, 내 행동은 상자 밖에 붙여봅시다. 갈등상황이 유지되면 모두가 힘듭니다. 갈등상황을 해결할 수 있는 나만의 방법을 생각하여 상자에 붙인 후, 나의 마음과 행동이 어떻게 변화하는지 이야기해봅시다.

① 상자 만들기

: 참가자가 각자 상자를 준비한다.

: 준비한 상자의 안과 밖을 나로 생각하며 꾸민다.

: 갈등상황에 나의 모습(감정, 행동)을 만들어 상자 안과 밖에 붙인다.

: 갈등을 해결할 수 있는 방법을 갈등상황 내 모습에 붙인다.

② 갈등상황 해결하기

: 참가자에게 도화지를 나눠주고 분단별로 다양한 미술도구를 나눠준다.

: 각자 컴퓨터를 할 때 생길 수 있는 갈등상황을 생각해본다.

: 갈등상황의 행동이나 말을 그림으로, 이때 기분을 색으로 표현한다.

: 이를 해결할 수 있는 방법을 각자 생각한 후 옆 사람과 짝이 되어 해결과정을 역할극으로 해본다.

③ 소감나누기 : 참가자는 작품을 소개하고 이야기를 나눈다.

마무리

① 프로그램 요약 · 정리하기 : 진행자는 프로그램 내용을 요약 · 정리하여 전달한다.

② 참가자의 소감을 듣고 나누기

③ 다음 회기 내용을 미리 고지하기

④ 사용한 재료와 자리를 정리하며 마무리 인사하기

제9회기 내 마음 방석 만들기

활동개요

<table>
<tr><td>목표</td><td colspan="2">• 자신을 표현하는 방석을 만들어 희망을 구체화시킬 수 있다.
• 안전한 공간을 만들어 스스로를 지지한다.</td></tr>
<tr><td>준비물</td><td colspan="2">부직포, 가위, 하루핀, 스탬플러, 방석꾸미기 재료(노끈, 방울, 반짝이 등), A4용지, 포스트잇</td></tr>
<tr><td rowspan="3">주요내용</td><td>도입</td><td>• 프로그램 시작 전 네모모양의 자리를 배치하기
• 참가자와 반갑게 인사 나누기
• 프로그램 진행자를 소개하고 프로그램에 대해 설명하기</td></tr>
<tr><td>전개</td><td>• 방석 만들기
• 인터넷/스마트폰 문제를 인식하고 건강한 문제해결 능력과, 다른 사람에 대한 공감능력이 향상된다.
• 소감나누기</td></tr>
<tr><td>마무리</td><td>• 본 회기 내용 요약 · 정리하기
• 참가자의 소감을 듣고 나누기
• 다음 회기 내용을 미리 고지하기
• 사용한 재료와 자리를 정리하며 마무리 인사하기</td></tr>
</table>

활동내용

도입

① 프로그램 시작 전 네모모양의 자리를 배치하기

② 참가자와 반갑게 인사 나누기

③ 프로그램 진행자를 소개하고 프로그램에 대해 설명하기

전개

바닥에 깔고 앉는 나만의 공간, 작은 자리 방석으로 현재 나의 상황, 기분 등을 표현해 봅니다. 방석과 하나가 되어 실제 나를 가만히 들어다 보며 객관적으로 지금! 마음을 확인해 봅시다.

① 방석 만들기

: 참가자는 방석을 만들 부직포를 고른다.

: 방석재료를 활용하여 현재 나의 모습(지위, 상황, 감정 등)을 표현하는 방석을 만든다.

: 방석이 완성되면 실제 앉아본다.

② 인터넷/스마트폰 문제해결 능력을 향상한다.

: A4용지, 싸인펜, 포스트잇, 색연필을 나누어 준다.

: A4용지에 스마트폰을 표현하는 상징물을 그린 후 스마트폰을 사용하였을 때의 좋은 점과 나쁜 점을 생각한다.

: 포스트잇에 좋은 점과 나쁜 점을 적어 자신의 스마트폰 상징물에 붙여준다.

: 발표 후 장점은 상징물에, 단점은 쓰레기통에 버리는 퍼포먼스를 한다.

③ 소감 나누기

: 참가자는 방석과 실제 앉았을 때 기분 등을 발표한다.

: 스마트폰을 올바른 사용방법을 참가자와 서로 공유한다.

마무리

① 프로그램 요약 · 정리하기 : 진행자는 프로그램 내용을 요약 · 정리하여 전달한다.

② 참가자의 소감을 듣고 나누기

③ 다음 회기 내용을 미리 고지하기

④ 사용한 재료와 자리를 정리하며 마무리 인사하기

제10회기 앞으로 나는

활동개요

<table>
<tr><td>목표</td><td colspan="2">건강한 감정표출을 통해 긍정적인 자아상을 인식한다.</td></tr>
<tr><td>준비물</td><td colspan="2">찰흙, 찰흙 도구, 신문지, 물티슈</td></tr>
<tr><td rowspan="3">주요내용</td><td>도입</td><td>• 프로그램 시작 전 네모모양으로 자리를 배치하기
• 참가자와 반갑게 인사 나누기
• 그림자놀이 하기
• 프로그램 진행자를 소개하고 프로그램에 대해 설명하기</td></tr>
<tr><td>전개</td><td>• 캐릭터 만들기
• 소감나누기</td></tr>
<tr><td>마무리</td><td>• 본 회기 내용 요약 · 정리하기
• 참가자의 소감을 듣고 나누기
• 사용한 재료와 자리를 정리하며 마무리 인사하기</td></tr>
</table>

활동내용

도입

① 프로그램 시작 전 네모모양의 자리를 배치하기

② 참가자와 반갑게 인사 나누기

③ 그림자놀이 하기 : 두 명씩 짝을 지어 그림자놀이를 한다.

④ 프로그램 진행자를 소개하고 프로그램에 대해 설명하기

전개

건강한 나는 내가 만듭니다.
건강한 모습인 나를 찰흙을 이용하여 자유롭게 표현해 봅시다.

① 캐릭터 만들기

: 배치된 책상에 먼저 신문을 깐다.

: 찰흙, 찰흙 도구와 물티슈를 나누어 준다.

: 찰흙을 이용하여 긍정적인 이미지를 캐릭터로 만든다.

② **소감나누기** : 자신의 자아상에 대해 이야기를 나누고 집단원과 소감을 나눈다.

마무리

① **프로그램 요약 · 정리하기** : 진행자는 프로그램 내용을 요약 · 정리하여 전달한다.

② 전체 프로그램에 대한 소감을 발표한 후 종결한다.

3) 미술치료 집단 프로그램 적용

인터넷 중독 위험을 스스로 깨닫고 계획적인 사용을 유도하고자 초등학생을 대상으로 미술치료 프로그램을 실시하여 그 효과성을 입증한 연구들이 있다. 언어와 같은 직접적인 표현은 저항을 일으킬 수 있으나, 미술치료 프로그램은 간접적인 표현이 가능한 미술이라는 매개를 통해 내면심리를 구체적으로 표현하는데 효과적이라는 점을 강조하고 있다. 특히 인터넷 중독의 위험군이 점차 어린 나이로 이전되면서 미술치료를 활용할 필요가 높아지고 있다. 선행연구들은 초등학교 5학년과 6학년인 잠재 및 고위험군을 대상으로 수행하였고 집단 크기는 9-12명으로, 회기는 12-22회기로 구성하였다. 주로 방과 후 시간을 활용하여 60-90분 동안 실시하였다. 공통적으로 4단계 초기, 중기, 후기, 종결단계로 나누고 사후관리 회기를 진행하였다. 초기단계는 작업을 통하여 이완과 친밀감, 신뢰감 형성에 초점을 두었고 인터넷 사용습관을 서로 나누는 과정을 통해 자신의 잘못된 사용습관을 인식하여 변화하고자 하는 의지를 가질 수 있게 하였다. 중기단계는 내면의 감정을 드러내고 매체탐색 및 작업과정에서 흥미를 느낄 수 있도록 구성하였다. 작업을 같이 하면서 가상세계 보다는 현실세계에서 관계 맺기를 연습하도록 하였다. 특히 Yalom(1993)의 치료적 요인 중 감정의 정화, 대인관계 학습이 이루어질 수 있도록 한다. 후기단계는 자신의 미래를 계획할 뿐만 아니라 미래에 대한 긍정적 상을 제공하는 것에 중점을 두고 있다. 자신의 미래를 위한 준비를 구체화하고, 인터넷에서 벗어나 자신의 관심을 다양한 활동으로 옮길 수 있도록 유도한다. 종결단계는 자신을 수호천사로 만들어 전시하고, 서로 지지해주는 분위기를 만들어준다. 프로그램의 상세한 내용은 공통적인 요소를 중심으로 〈표 3-4〉와 같이 정리하였다.

미술치료 기반 집단 프로그램을 수행할 때 주안점을 제시하면 다음과 같다.

첫째 미술치료는 개입의 매개인 즉 미술이라는 도구를 활용하기에 초등학교 저학년을 대상으로 수행해도 효과를 가질 수 있는 유리한 점이 있다. 따라서 대상의 특성에 따라 다르겠지만 초등학교 저학년을 대상으로 프로그램을 실시할 경우 미술치료 기반을 우선적으로 고려해볼만하다.

둘째, 프로그램 초반에는 개인 작업을 통해 서로 논의하는 과정을, 프로그램 후반에는 공동 작업을 통해 소감을 나누는 작업을 배치하는 것이 프로그램을 진행하는 데 도움을 준다. 그리고 같은 작업의 반복보다는 다양한 기법의 작업을 활용하는 것이 효과적이다.

셋째, 학생들의 관심이 작업 자체에 집중될 수 있으므로 작업수행 이후에 충분히 경험과 생각을 나누는 시간을 유도하는 것이 좋으며 회기에서 진행된 주제에 대해 실생활에서 실천하거나 스스로를 관찰할 수 있는 과업을 수행하고 보고할 수 있는 기회를 가질 필요가 있다.

넷째, 미술치료는 작업 수행 이후 그 작품에 대한 해석과 의견을 나누는 것이 중요하므로 프로그램 진행 이전에 담임교사 혹은 부모와의 사전 면접을 진행하여 청소년의 특성에 대해 미리 정보를 가지는 것이 효과적이다. 청소년들이 편안한 마음으로 즐겁게 참여할 수 있도록 간단한 동기유발을 할 수 있는 게임을 병행하는 것도 고려할 수 있다.

다섯째, 프로그램 운영 시 자연스러운 기분으로 작품에 임할 수 있도록 격려해 주는 분위기가 중요하다. 또한 참여 학생들에게 시간을 제시해주고 이후 스스로 시간을 조정할 수 있도록 유도한다. 성급한 해석보다는 참여 학생들을 기다려주는 자세가 필요하다. 표현활동에 대한 제한을 하거나 상처를 주지 않아야 하며, 그림은 예술적으로 평가하지 않아야 한다.

여섯째, 프로그램의 효과 여부를 측정하고자 할 경우, 프로그램의 사전 · 사후 검사활동을 포함할 수 있다. 이때 사전 검사는 참여 학생들의 심리적 불편감을 해소한 후 실시하기 위해 1차시에 중반 이후에 배치하는 것이 좋다. 전체 프로그램에 대한 안내를 충분히 받은 후 실시한다. 사후 검사는 본 프로그램 운영 직후 별도의 시간을 확보하여 실시하며 검사 이전에 전체 프로그램에 대해 설명하고 수행한 것에 대해 회상할 수 있는 시간을 가진 이후에 실시하는 것이 좋다.

〈표 3-4〉 선행연구의 미술치료 집단 프로그램 예시

배새봄(2004)	전소영(2013)	심언희(2013)
오리엔테이션 • 집단원 소개하기 • 서약서 제창하기	네임멘트 • 자신의 이름이나 별명을 꾸미기 • 소개하기	그동안 어떻게 지냈니? • 구성 원간 안부 묻기 • 집단미술치료의 목적을 재확인하기
자유화 • 그리고 싶은 것을 마음대로 그리기	데칼코마니 • 물감을 짠 뒤 반으로 접었다 펼쳐 보이는 이미지를 이야기하기	함께하는 찰흙 놀이(공동작업) • 각자 작업한 것을 모아 재구성하기 • 대인관계 기술을 익히고 서로를 지지하기
난화 속 그림 찾기 • 눈을 감고 선을 그린 후 보이는 그림 찾기 물감구슬 굴리기 • 구슬에 물감을 묻혀 서로에게 굴리기	핑거페인팅 • 밀가루 풀에 물감을 섞어 손으로 모양 찍기	매직 밴드와 집단 만다라(공동작업) • 매직 도넛 밴드를 이용하여 움직임으로 함께 작업을 하기 • 느낌을 집단 만다라로 그리기 • 집단의 응집력과 서로에 대한 지지를 경험하기
현재의 내 모습 • 꼴라쥬 만들기 과거의 내 모습 • 과거 자신의 모습을 생각해 그리고 느낌 말하기(행복한 기억, 슬픈 기억) 미래의 내 모습 • 미래 자신의 모습을 생각해 그리고 느낌 말하기 동물 가족화 • 가족집단원을 동물로 나타내고 설명하기 찰흙 던져 과녁 맞추기 • 찰흙알맹이를 과녁에 던지기	나의 표정 • 스마트폰을 사용할 때와 사용하지 않을 때의 감정표정을 골라 붙이거나 그려 보기	나를 상징하는 그림그리기 • 자신을 상징하는 이미지를 캔버스에 그리며 자신의 꿈을 다시 확인하기

배새봄(2004)	전소영(2013)	심언희(2013)
다양한 표정 그리기 • 자신의 감정에 따른 얼굴 표정을 그리기 **감정과 행동 꼴라쥬** • 감정에 따라 표현되는 행동을 찾아 찢어 붙이기	**감정파이** • 스마트폰 사용 중 느끼는 감정의 크기를 표현하고 나누기	**나만의 아지트** • 안전과 환상을 경험하기 • 집단원이 서로를 이해하고 공감하기
별칭 짓기 꼴라쥬 • 상대방에게 어울릴만한 단어를 찾아서 붙여주기	**장 · 단점 써보기** • 스마트폰 장 · 단점과 올바른 사용 방법에 대해 알아보기	**파티쉐가 되어서** • 자신만의 케익을 만들어 자신을 지지하고 인터넷이 아닌 대안 활동을 찾아보기 • 선물하고 싶은 사람을 생각해보기 • 사람들과 관계를 소중히 여기기
감정차트 • 일주일간의 감정을 그림으로 나타내고 표현하기	**자아상** • 찰흙으로 자아상을 만들어보고 이야기 나누기	**만다라그리기** • 만다라를 그리며 내면의 감정을 표출하기
집단 데칼코마니 • 협동하여 물감을 전지에 짜고 반을 접은 후 펼치기 **상황유추그림** • 사진을 보고 앞 뒤 상황 그리기 **그림 돌려 그리기** • 각자 그림을 그린 후 돌려가면서 그리기 **릴레이식 만화그리기** • 주인공을 정하고 돌려가며 그리기	**손 본뜨기** • 석고 붕대를 이용하여 손을 본뜨고 물감으로 채색한 후 스팽글로 꾸미기	**우리들의 동물원(공동작업)** • 자신이 길러본, 혹은 기르고 싶은 동물과 그들에게 필요한 것을 만드는 과정을 통하여 사랑과 돌봄을 느끼기 • 함께 동물원을 꾸미며 지지와 공감을 경험하기
사진을 통한 대처행동 • 울거나 싸우는 사진을 보고 다음 행동을 그려 보고 토론하기 **말과 그림게임** • 각자 그린 그림을 언어로 설명하고 듣는 사람은 그림으로 표현하여 맞추기	**나의 화분** • 소금에 파스텔로 색을 입혀 흙을 컵에 넣고, 꽃을 접어 화분을 만든 후 스팽글로 꾸미기	**방석 만들기** • 자신의 지위와 상황을 표현하는 방석을 만들어 자신의 희망을 구체화시키기 • 안전한 공간을 스스로에게 제공하여 자신을 지지하는 경험하기

배새봄(2004)	전소영(2013)	심언희(2013)
10년 설계 • 10년 나무를 그려놓고 희망을 설명하고 이룰 것을 다짐하기 자기 얼굴 만들기 • 찰흙으로 자신의 얼굴 만들기	현재와 미래 그리기 • 왼쪽에는 현재, 오른쪽에는 미래 모습을 그리고 이야기 나누기 미래 인형 • 자신의 미래 모습을 인형으로 완성해 보기	미래의 나 • 미래의 자신의 모습을 상상해보고, 현재 자신이 할 수 있는 것 계획하기 수호천사 • 자신의 소망을 가슴에 품고, 지켜보는 인형을 만들어 힘 얻기 • 종결을 준비하기
사후검사 및 종결 • 인터넷 중독검사, 정서 지능검사 실시하기	사후검사 • 인터넷 중독성 · 공격성 검사하기	우리들의 파티(공동작업) • 전시회와 종결을 축하하는 파티를 하며 서로를 격려하고 지지하기

Chapter

4

인터넷 중독 중고등학생을 위한 집단 프로그램 실제

Chapter 4

인터넷 중독 중고등학생을 위한 집단 프로그램 실제

4차 산업 혁명이 이루어지고 있는 요즘 최대 호황을 누리고 있는 사업이 게임, 소셜 네트워킹 사업과 같은 인터넷 기반 사업이다. 고소득이 보장되는 직업도 프로게이머, 혹은 1인 방송 진행자 혹은 벤처사업가들이다. IT 기반 기업은 사람들이 인터넷상에 오래 머물게 하기 위해 많은 인력과 투자를 하고 있다. 청소년들은 이러한 사회적 분위기로 인해 쉽게 인터넷 중독에 빠져들고 있다. 청소년에게 인터넷 중독의 부정적인 영향은 청소년기 뿐 아니라 성인기까지 영향을 미칠 수 있다. 이에 대한 사회의 적극적인 개입이 필요하다. 국내에서 개발한 중고등학생을 대상으로 하는 인터넷 중독 관련 집단 프로그램은 연구에 따라 상이한 결과를 제시하기도 하여 효과적인 프로그램을 판단하는데 어려움이 있다. 본 장에서는 효과적인 프로그램을 기획하기 위해 어떠한 프로그램을 선택해야 하는지에 대해 이경은 외(2019)의 인터넷 중독 중고등학생을 위한 집단 프로그램 효과성에 대한 메타분석 결과를(부록2 참조) 중심으로 다음과 같은 유의사항을 점검해야 한다.

첫째, 중고등학생 인터넷 중독감소를 위한 집단 프로그램은 선행연구(박승민, 2009; 하지연, 신성만, 2015; 김희영, 조미경, 2015; 이준기, 강근모, 2015; 권은정, 장승옥,

2016)에서 나타난 결과와 같이 매우 효과가 높다고 볼 수 있다. 중독은 단순히 개인의 문제가 아니라 생태체계적 문제로, 중독되었다는 것은 단순히 개인의 의지로 해결할 수 있는 문제가 아니다. 따라서 청소년의 인터넷 중독 치료를 위해서는 개인뿐 아니라 가정, 학교 그리고 지역사회가 함께 관심을 갖고 적극적으로 해결해야 한다.

둘째, 인터넷 중독 집단상담 프로그램은 주당 회기수와 총 회기수, 집단크기를 무엇으로 선택하느냐에 따라 효과에 차이가 있었다. 집단 치료 프로그램은 주 1회로 11-16회를 집행하는 것이 가장 효과적이며, 10회기 미만이나 20회기 이상으로 진행하거나, 주2회 내지 3회를 진행하는 것은 상대적으로 효과가 적었다. 그리고 집단크기는 10명으로 구성되는 것이 효과적인 것으로 나타났다. 중독이라는 행동의 변화를 촉발하기 위해서는 10명 정도의 집단규모가 집단성원의 다양한 역동성을 활용하여 스스로 중독의 문제를 인식하고 중독행동으로부터 벗어나기 위한 구체적인 방안들을 모색하는데 적절한 크기의 규모임을 알 수 있다.

셋째, 대상의 특성을 중심으로 보면 고위험군만을 대상으로 프로그램을 진행하는 것이 잠재적 위험군을 대상으로 한 경우나 잠재적 위험군과 고위험군의 구분 없이 집단을 진행한 경우보다 효과가 있었다. 사실상 집단을 구성할 때 집단의 목적과 집단 집단원의 동질성 그리고 집단성격의 특성을 분명히 할 경우 집단의 효과가 분명한 것으로 보여진다. 중독의 문제를 갖는 경우, 대부분 자신이 중독이라는 사실을 받아들이거나 자신의 인터넷 중독의 문제에 대해 정확한 인식을 갖기 어렵다. 따라서 인터넷 중독 감소를 위한 집단상담 프로그램의 경우, 인터넷 중독의 고위험군과 잠재적 위험군을 함께 참여시킨다면 잠재적 위험군의 경우, 자신은 인터넷 중독이 아니라고 생각하고 집단상담 프로그램 진행 시 나쁜 영향을 줄 수 있다. 따라서 고위험군 만을 대상으로 집단을 진행하는 것이 중독감소 효과가 크게 나타날 가능성이 높다.

넷째, 프로그램의 이론적 기반은 현실치료, 자기조절, 동기강화 순으로 효과가 나타났다. 따라서 본 서에서도 현실치료, 자기조절, 동기강화 중심으로 프로그램을 살펴보고자 한다. 하지만 자기조절은 초등학생 프로그램으로 추천하였으므로 본 장에서는 현실치료와 동기강화 프로그램을 제시한다. 중고등학생을 대상으로 자기조절기반 프로그램을 선택할 때에는 4장에서 제시하는 프로그램을 대상의 특성을 고려하여 프로그램 내용을 조정하면 된다.

1. 현실치료를 기반한 집단 프로그램

현실치료는 1950년대에 정신과 의사인 William Glasser에 의해 창시되었다. 그는 (Glasser, 1998) 선택 이론에 근거하여 우리가 행동하고 생각하는 모든 것, 즉 좋은 것과 나쁜 것, 효율적인 것과 비효율적인 것, 즐거운 것과 고통스러운 것, 정상적인 것과 비정상적인 것들 모두가 우리 내면의 강한 욕구를 충족시키기 위한 선택이라고 본다. 따라서 적절한 선택을 통하여 자신을 통제하는 방법을 배우게 되면 문제를 비난하는 대신에 문제를 해결하기 위해서 긍정적으로 에너지를 사용하게 될 것이다. 인간의 모든 행동은 목적이 있고 그 행동의 목적은 인간의 기본 욕구인 소속(belonging), 힘(power), 자유(freedom), 즐거움(fun), 생존의 욕구(survival need) 다섯 가지 중 하나 혹은 그 이상의 욕구를 만족시키기 위해 행동하는 것이다. 즉 인간의 모든 행동은 외부통제가 아니라 내부통제에 의해서 행해지고 있다는 기본 가정에 근거하고 있다. 따라서 우리가 어떻게 생각하고 행동하는가는 우리 스스로 선택한다는 것이다.

현실치료 상담자는 내담자가 자신의 욕구를 현실적인 방법으로 자신이나 타인에게 피해를 주지 않고 충족시키도록 도와줌으로써 성공적인 정체감을 획득하도록 한다. 인간의 행동은 활동하기(acting), 생각하기(thinking), 느끼기(feeling), 신체 반응하기(physiology)의 네 가지 요소로 구성되어 있다고 한다. 이 중 활동하기와 생각하기는 통제가 가능하지만 느끼기와 신체 반응하기는 통제할 수 없다. 그러므로 인간의 행동체계를 변화하고자 할 때, 활동하기와 생각하기를 먼저 변화시키면 느끼기나 신체 반응하기는 따라오게 된다.

상담 과정은 변화를 유도하는 상담환경 가꾸기와 변화를 이끄는 활동이라는 두 가지

요소로 이루어져 있다. 우선 상담환경 가꾸기는 내담자와 친밀한 신뢰관계를 더욱 발전시키도록 노력하는 것이다. 관계 형성 과정 중 상담자는 내담자의 변명을 받아들이지 않고 비판하거나 처벌하는 대신 자신 행동의 결과에 책임을 지도록 하며 포기하는 것을 허용하지 않아야 한다.

다음으로 내담자를 행동 변화로 인도하는 과정은 WDEP 과정으로 불린다(Wubbolding, 1986). W(WANT): 내담자들에게 '바램'에 관련된 질문을 해서 내담자가 자신에게 어떤 일이 일어나게 되길 바라는지 명확하게 생각해보게 하는 것이다. 이 과정에서 주위 사람들과 내담자가 원하는 것의 일치 혹은 불일치를 알아봄으로써, 내담자 자신의 근본적인 욕구가 무엇인지 확실하게 내담자 자신이 알 수 있도록 한다. D(DOING): 행동하기 전에 활동을 탐색하는 시기이다. 본인이 현재 무엇을 하고 있는지를 확인해보는 단계이다. 이때, 내담자가 통제할 수 있는 활동요소를 탐색하면서 스스로 어떠한 방향으로 가고 있는지 탐색할 수 있다. 상담자가 상담과정 초기에 내담자에게 상담의 전반적인 방향, 내담자가 어디로 가고 있는가를 탐색하도록 도와주는 것이다. E(EVALUATION): 보통의 가치평가는 도덕적이고 윤리적인 기준에 맞추어 평가하는 것을 의미하지만, 상담에서 평가는 개인의 행동과 욕구와의 관계를 점검해보는 것이다. 내담자의 행동 변화를 위한 가장 핵심이 되는 부분으로 스스로 자기평가를 하게 하는 단계이다. P(PLANNING): 현실치료 상담자는 내담자의 가능성을 신뢰하며 용기와 희망을 불어넣을 수 있다. 상담자는 내담자의 진정한 바램과 욕구를 충족시킬 수 있는 계획을 수립하도록 도와주어야 한다. 긍정적인 활동계획은 단순하고 구체적이며 반복적으로 즉각 실행 가능한 것이어야 한다. 일단 계획이 세워지면 평가를 통해 그 계획이 내담자의 욕구와 바램을 충족시킬 수 있는지를 검토하고 계획이 완료되면 그 계획은 강화되어야 한다.

1) 프로그램 목표

현실치료 집단 프로그램은 중고등학생을 대상으로 인터넷 중독 개선에 효과가 있다. 구체적인 목표는 다음과 같이 제시될 수 있다.

첫째, 현실치료 집단 프로그램이 중고등학생의 인터넷 중독 감소에 효과가 있다.
둘째, 현실치료 집단 프로그램이 중고등학생의 스트레스 대처능력 향상에 영향을 미친다.
셋째, 현실치료 집단 프로그램이 중고등학생의 자아 존중감 및 내적통제성 수준이 향상된다.

2) 프로그램 구성 및 원리

본 프로그램은 현실치료를 기반으로 수행한 선행연구 다수를 종합하여 현실치료의 6단계 기본 틀을 중심으로 총 10회기 90분으로 구성하였다. 1단계는 관계 형성 단계인 반가워 친구들아 주로 동기 유발 및 친밀감 형성을 위한 활동으로 구성하였다. 욕구탐색단계인 2단계는 총 2회기로 나의 마음 속 바램 찾기와 내가 진정으로 원하는 것이 무엇인지 탐색해보는 내용이다. 참가자의 기본 욕구와 바램을 스스로 인식할 수 있는 활동으로 구성하였다. 3단계는 총 2회기, 전 행동 탐색 단계로 인터넷 사용과 관련하여 나의 전 행동을 탐색하고 주도적으로 나의 행동들을 평가해보는 내용이다. 프로그램 참가자가 전 행동을 이해하고 인터넷 환경 상황에서의 자신의 전 행동 탐색과 긍정적인 행동을 습득하는 활동에 대해 선택할 수 있도록 구성하였다. 4단계는 총 2회기, 자기평가 단계이다. 프로그램 참가자에게 좋은 세계와 지각된 세계에 대해 충분히 설명하고 스스로 지각하는 인터넷 세계를 이해한다. 또한 인터넷 사용과 관련하여 지각된 사회와 좋은 사회의 차이를 극복할 수 있는 행동이 무엇인지 인식하도록 구성하였다. 5단계는 총 2회기, 계획 세우기 단계로 참가자가 효율적이고 책임성 있게 인터넷을 사용할 수 있도록 계획을 스스로 세워보고 그 계획을 점검해보고 실천 가능한 전략으로 수정할 수 있도록 한다. 마지막 6단계는 추후 계획 단계이다. 프로그램 종결단계로 프로그램 전체 과정을 평가하고, 참가자들 사이의 관계에 대해 표현하고, 프로그램 이후 실천 의지를 다지는 활동에 대해 생각해보는 내용으로 구성하였다.

〈표 4-1〉 현실치료 집단 프로그램 세부내용

사용 전략	회기	주 제	목 표	준비물	시간
관계 형성 단계	1	반가워 친구들아~	• 프로그램 참여 동기를 유발한다. • 집단원 간에 친밀감과 소속감을 형성한다. • 참가자가 인터넷 중독에 대해 이해한다.	• 명찰, 필기도구, 활동지 • 서약서, 규칙판 • 사전검사지	60–90분
욕구 탐색 단계	2	나의 마음 속 바램 찾기	• 참가자의 인터넷 사용 상황을 탐색한다. • 인터넷 사용으로 발생할 수 있는 문제 상황을 극복할 수 있는 방법을 습득한다.	• 활동지 • 필기도구	60–90분
	3	내가 진정 원하는 것은?	• 5가지 기본욕구의 이해를 통해 자신의 욕구를 인식한다. • 욕구 충족을 위한 계획을 세운다.	• 5가지 욕구 판 • 필기도구 • 찰흙, 빙고 판, 깃발	60–90분
전 행동 탐색 단계	4	효율적인 나의 행동 선택하기	• 전 행동을 이해한다. • 자신의 행동에 대한 감정을 안다. • 인터넷 사용과 관련한 전 행동을 탐색할 수 있다.	• 활동지 • 필기도구	60–90분
	5	주도적으로 나의 행동 평가하기	• 자신의 행동은 스스로의 선택임을 인지할 수 있다. • 인터넷 환경에서 긍정적인 전 행동을 선택하여 실천할 수 있다.	• 활동지 • 필기도구	60–90분

사용 전략	회기	주 제	목 표	준비물	시간
자기 평가 단계	6	인터넷 세상, 나의 세계	• 좋은 세계와 지각된 세계를 이해한다. • 인터넷 상황에 적용할 수 있다.	• 활동지 • 필기도구	60–90분
	7	인터넷 세상 균형 잡기	• 나의 지각된 세계를 이해한다. • 좋은 세계와 지각된 세계 극복방법을 인터넷 상황 속에서도 적용할 수 있다.	• 색종이, 나무젓가락 • 실, 가위, 네임 펜	60–90분
계획 세우기 단계	8	난 지금 어떤 계획을 세울 수 있을까?	• 계획하기 방법을 익힌다. • 인터넷 사용에 대한 계획을 세울 수 있다.	• 활동지 • 필기도구 • 드화지	60–90분
	9	내 삶의 주인 되기	• 계획을 점검한다. • 자신이 원하는 것을 이해하고 실천 가능한 계획을 세운다.	• 활동지 • 필기도구	60–90분
추후 계획 단계	10	시작! 또 다른 성공	• 성공경험을 공유한다. • 새로운 실천계획에 대해 실천의지를 다진다.	• 도화지, 필기도구 • 깃발사진 • 소감문, 선서 판 • 사후검사지, 수료증 • 선물, 다과	60–90분

제1회기 반가워 친구들아

활동개요

구분		내용
목표		• 프로그램 참여 동기를 유발한다. • 참가자와 친밀감과 소속감을 형성한다. • 참가자가 인터넷 중독에 대해 이해한다.
준비물		명찰, 필기도구, 활동지, 서약서, 규칙판, 사전검사지
주요내용	도입	• 신체활동하기
	전개	• 참가자 서로 소개하기 • 규칙정하기 • 인터넷에 대한 경험 작성하기 • 서약서 작성하기 • 사전검사하기
	마무리	• 프로그램 요약 · 정리하기 • 소감나누기 • 다음 회기에 대해 안내하기

활동개요

도입

① 신체활동하기 : "새 다리 돼지다리" 게임(프로그램 집단원간 친목도모와 함께 즐거움 욕구를 충족하며 부드러운 분위기를 조성한다.)

② 프로그램 진행자 소개 및 프로그램 참가자 환영하기

전개

> 많은 사람에게 컴퓨터는 친구입니다. 가끔은 컴퓨터 때문에 즐겁기도 하고 갈등이 생기기도 합니다. 그 모든 순간은 나의 선택입니다. 갈등할지, 아니면 해결할지 말입니다. 올바른 인터넷 사용을 위해 현실 세계에서 어떤 선택을 하고 행동할지에 대해 매주 ○요일, 10번 만나 다양한 형식으로 구성된 프로그램에 참여할 것입니다. 오늘은 함께할 친구들 간에 서로 소개하고 규칙을 만들며 프로그램을 시작할 것입니다.

① 참가자 서로 소개하기

: 참가자는 프로그램이 진행하는 동안 불리고 싶은 별칭을 정한다. 이름표를 꾸미고 정한 별칭을 쓴다. 두 명씩 짝이 되어 별칭과 활동지에 대한 이야기를 나눈다. "아임 그라운드 별칭이름 대기"게임을 하며 서로의 별칭을 외운다.

② 규칙정하기 : 프로그램 진행과정에서 지켜야 할 규칙을 선택하고 약속한다. 준비한 규칙판에 모두 싸인을 한다.

③ 인터넷에 대한 경험 작성하기

: 참가자는 인터넷 사용 습관을 비롯한 다양한 경험을 작성한다.

④ 서약서 작성하기

: 집단의 진행과정, 기대되는 효과, 프로그램 진행과정, 자기관리능력이 향상될 것이라는 기대, 규칙 등을 담은 서약서를 작성하고 다짐하는 시간을 갖는다.

⑤ 사전검사하기

마무리

① 프로그램 요약 · 정리하기 : 진행자는 프로그램 내용을 요약 · 정리하여 전달한다.

② 소감나누기 : 소감문을 작성하거나 회기를 통해 느낀 점이나 서로에게 하고 싶은 이야기를 한다.

③ 다음 회기에 대해 안내하기

〈활동지 1-1〉

규칙정하기

우리는 프로그램이 진행되는 동안 다음과 같은 규칙을 지키겠습니다.

1. ____________________

2. ____________________

3. ____________________

〈활동지 1-2〉

나의 인터넷/스마트폰 사용습관 알아보기

하루 24시간을 기준으로 인터넷 사용 시간을 표시하기

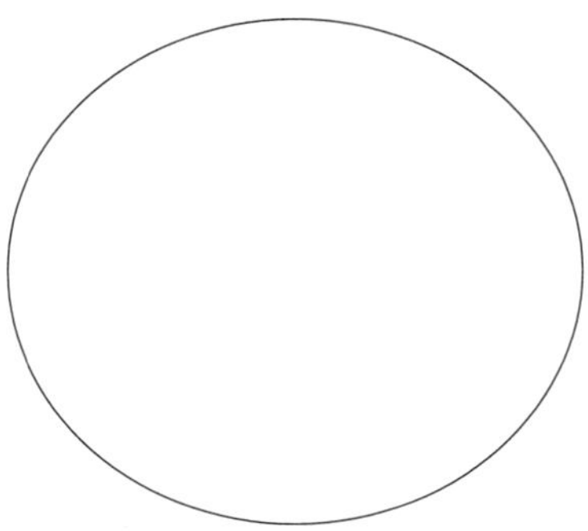

❁ 주로 많이 이용하는 내용은 ?

❁ 하루에 이용하는 시간은?

❁ 이용하는 장소는 ?

❁ 이용하는 이유는 ?

〈활동지 1-3〉

서약서

집단 프로그램에 참여하는 저는 아래 사항을 성실하게 지키며 프로그램에 참여하겠습니다.

- 나는 프로그램에 적극적으로 참여하겠습니다.

- 나는 함께 참여하는 친구들의 이야기를 존중하며, 끝까지 듣겠습니다.

- 나는 진지하게 프로그램에 참여하겠습니다.

- 나는 프로그램에서 들은 이야기를 다른 사람에게 이야기하지 않겠습니다.

- 나는 프로그램에 참여한 친구들과 사이좋게 지내겠습니다.

년 월 일

서 약 자 : (인)

제2회기 나의 마음 속 바램 찾기

활동개요

목표	• 참가자의 인터넷 사용상황을 탐색한다. • 인터넷 사용으로 발생할 수 있는 문제 상황을 극복할 수 있는 방법을 습득한다.	
준비물	활동지, 필기도구(싸인펜, 연필, 색연필, 볼펜)	
주요내용	도입	• 프로그램 집단원들과 즐겁게 인사나누기 • 지난 회기에 대한 점검 및 이번 회기 설명하기
	전개	• 이완활동하기 : 눈치게임 • 문제 상황 인식하기 • 나의 변화를 위한 바램 찾아보기 • 현실 가능한 바램으로 수정하기
	마무리	• 프로그램 요약 · 정리하기 • 소감나누기 • 다음 회기에 대해 안내하기

활동내용

도입

① 프로그램 집단원들과 즐겁게 인사나누기

② 지난 회기에 대한 점검 및 이번 회기 설명하기

전개

① 이완활동하기 : 눈치게임

변화의 시작은 문제 상황을 인식하는 것입니다. 인터넷을 사용할 때 어떤 문제가 있는지, 날 우울하게 하는 것들을 생각하여 작성해 봅시다. 인식한 문제가 이렇게 변화됐으면 하는 바램이 있을까요. 과연 현실적인 바램인가요. 막연한 바램을 현실적으로 수정하여 바로 할 수 있는 행동방법을 작성하기로 합시다.

〈활동지 2-1〉

인터넷 사용 시 나의 모습

인터넷 사용 시 마음에 들지 않았던 순간	감정	이유

〈활동지 2-2〉

내 마음의 바램 찾기

문제 상황	나의 바램	행동 계획하기

제3회기 내가 진정 원하는 것은?

활동개요

목표	• 5가지 기본욕구의 이해를 통해 참가자의 욕구를 인식한다. • 욕구 충족을 위한 계획을 세울 수 있다.	
준비물	필기도구, 찰흙, 깃발, 나무젓가락, 도화지(또는 A4), 가위 풀, 카메라	
주요내용	도입	• 참가자들과 즐겁게 인사나누기 • 신체활동하기 : 발바닥게임 • 지난 회기에 대한 점검 및 이번 회기 설명하기
	전개	• 이완활동하기 : 빙고게임 • 기본욕구에 대해 알기 • 기본욕구 탐색하기 • 구체적인 욕구 충족행동을 표현하기
	마무리	• 프로그램 요약 · 정리하기 • 소감나누기 • 다음 회기에 대해 안내하기

활동내용

도입

① 참가자들과 즐겁게 인사나누기

② 신체활동하기 : 발바닥 게임

③ 지난 회기에 대한 점검 및 이번 회기 설명하기

전개

① 이완활동하기 : 빙고게임

사람에게는 5가지 기본 욕구가 있습니다. 5가지 욕구에 따라서 각자 욕구는 다를 수 있기 때문에 찾아봐야 합니다. 나의 욕구를 찰흙으로 표현하고 자신의 욕구깃발을 뽑아봅니다.

② 기본욕구에 대해 알기

: 인간의 5가지(생존, 소속과 사랑, 힘과 성취, 즐거움, 자유) 기본욕구에 대해 설명한다.

사람은 기본적으로 생존에 대한 욕구를 가지고 있으며 그 외에도 소속의 욕구(사랑하고 사랑 받고 싶은 욕구, 소속되고 싶은 욕구, 원하는 사람들에게 받아들여지고 싶은 욕구), 존경의 욕구(경쟁하고 성취하고 인정받고 중요한 존재이고 싶어하는 욕구), 자유의 욕구(자신의 의사를 자유롭게 표현하고 자신이 어떻게 잘 살아갈지를 스스로 선택하고 싶어하는 욕구), 즐거움의 욕구(많은 것을 배우고 놀이를 통해 즐기고자 하는 욕구)를 가지고 있습니다. 사람은 욕구들을 충족시키기 위하여 자신과 자신의 환경을 통제하며 행동을 하게 됩니다. 즉 사람은 자신의 욕구를 충족하기 위한 선택하는 행동을 하게 됩니다. 사람들이 행동하는 모든 것이 즐거운 것과 고통스러운 것, 정상적인 것과 비정상적인 것들 사이의 선택으로 이루어집니다. 따라서 적절한 선택을 통해 자기통제의 방법을 배우게 되므로 문제를 비난하기보다는 문제를 해결하는 데 에너지를 사용하게 됨을 그림으로 설명합니다.

(1) 지구: 생존의 욕구는 살고자 하는 생식을 통한 자기 확장을 하고자 하는 욕구입니다.
(2) 하트: 사랑과 소속의 욕구는 사랑하고, 나누고, 협력하고자 하는 인간의 욕구입니다.
(3) 별: 하늘의 스타, 성공, 성취 등을 통해 경쟁하고, 성취하면서 자신이 중요한 존재이고 싶어하는 욕구를 의미합니다.
(4) 원: 공, 놀이 등 즐거움 통해 많은 새로운 것을 배우고, 놀이를 통해 즐기고자 하는 즐거움 욕구가 있습니다.
(5) 나비: 자유의 욕구는 이동하고 선택하는 것을 마음대로 하고 싶어 하는 욕구입니다.

이러한 인간의 욕구는 본질적인 것으로 모든 사람이 공통적으로 가지고 태어납니다. 하지만, 욕구를 충족시켜주는 대상이 개인마다 개인경험에 의해 차이가 나기 때문에 비현실적

일수도 있고, 변할 수도 있고, 갈등을 일으킵니다. 그럼으로 현실에서 나의 바램을 충족시켜 주지 못할 때 욕구 좌절을 경험하게 되는데요, 이러한 경험이 행동의 동기가 되는 겁니다.

③ 참가자들과 욕구를 포스트잇에 하나씩 작성해서 다트에 붙이기

: 다트 던지기를 통하여 욕구 찾기 놀이를 실시하여 욕구에 대해 이해한다.

④ 기본욕구 탐색하기(내가 가진 욕구는 무엇이 있을까?)

: 인간의 5가지 욕구를 통한 자기욕구를 찾아본다. 오락을 통한 욕구인지? 깃발에는 자신의 욕구를 적고 꾸민다.

깃발은 나무젓가락과 종이를 이용해서 만들고, 종이는 삼각형 또는 네모로 준비한다. 크기는 참가자들이 희망하는 크기로 조절해서 만든다.

⑤ 구체적인 욕구 충족 행동을 표현하기

: 참가자는 욕구를 표현하기 위해 선택한 행동을 찰흙으로 표현해 본다. "찰흙으로 자신이 원하는 것을 표현해보고 먼저 만들어진 깃발을 꽂아본다. 완성한 다음 개별 작품을 사진을 찍어서 서로에게 선물한다.

: 자신이 만든 작품에 대한 소감을 발표한다.

: 욕구에 대한 부분을 간단하게 피드백을 주고받는다.

마무리

① 진행자는 프로그램 내용을 요약 · 정리하기

② 참가자의 느낌이나 생각을 나누고 진행자는 격려의 메시지를 전달하기

③ 다음 회기에 대해 공지하고 마무리하기

제4회기 효율적인 나의 행동 선택하기

활동개요

목표	• 전 행동을 이해한다. • 내가 선택할 수 있는 행동이 다양하다는 것 안다. • 인터넷 사용과 관련한 전 행동을 탐색할 수 있다. • 다른 사람이 표현한 감정과 행동에 대해 이해한다.	
준비물	활동지, 필기도구(사인펜, 색연필, 볼펜)	
주요내용	도입	• 참가자들과 즐겁게 인사나누기 • 신체활동하기 : 그대로 멈춰라!!! • 지난 회기에 대한 점검 및 이번 회기 설명하기
	전개	• 이완활동하기 : 묵찌빠게임 • 전 행동에 대해 이해하기 • 자신의 전 행동 탐색하기
	마무리	• 프로그램 요약 · 정리하기 • 소감나누기 • 다음 회기에 대해 안내하기

활동내용

도입

① 참가자들과 즐겁게 인사나누기

② 신체활동하기 : 그대로 멈춰라!!!

③ 지난 회기에 대한 점검 및 이번 회기 설명하기

전개

① 이완활동하기 : 묵찌빠게임

나눠준 사례를 나라고 상상합니다. 상황이 부정적이라면 이때 느끼는 신체반응, 느낌, 생각 행동을 생각한 후 긍정적으로 바꾼 생각, 행동, 느낌, 신체반응을 적은 후 함께 이야기해 봅니다. 이후 최근 내가 인터넷을 할 때 문제가 되었던 행동, 생각, 느낌, 신체반응을 생각하고 이 때 들었던 부정적 감정을 건강하게 다스리는 법을 찾아 연습해봅시다.

② 전 행동에 대해 이해하기

: 4가지 전 행동(행동하기, 생각하기, 느끼기, 신체반응하기)에 대한 설명을 통해 집단원이 전 행동에 대한 이해를 갖도록 한다.

전행동(total behavior)은 욕구를 충족하기 위해 하는 모든 행동을 말한다. 전 행동은 4가지 구성요소로 이루어지는데, 활동하기(acting), 생각하기(thinking), 느끼기(feeling), 신체반응하기(physiology)이다. 전 행동의 개념은 자동차의 앞바퀴와 뒷바퀴와 같다. 활동하기와 생각하기는 자동차의 앞바퀴와 같아서 조정이 좀 더 쉽게 가능한 부분이고 느끼기와 신체반응하기는 자동차의 뒷바퀴와 같아서 조정이 훨씬 더 어려운 부분이다. 우리 노력으로 가장 쉽게 바꾸려고 시도해 볼 수 있는 것은 활동하기이다. 긍정적인 쪽으로 움직이기 시작하면 다른 부분(느끼기와 신체반응하기)들은 그 뒤를 따라 온다. 결국 인간은 자기 스스로의 행동을 선택하고 만들어 나가며 그 결과에 대해 책임을 지는 존재이다.

③ 자신의 전 행동 탐색하기

우리는 원하는 것을 얻고 싶어질 때 전 행동을 통해 우리가 원하는 것을 얻으려고 노력한다. 하지만 우리는 보통 화내는 것, 우울해 하는 것, 미안해하는 것, 죄책감을 갖는 것과 같은 부정적인 감정과 반응으로 원하는 것을 찾으려고 노력하고 있다.
하지만, 이 시간에는 활동과 사고를 위주로 변화시키고 감정이나 신체현상도 따라오도록 한다.

④ 인터넷 사용과 관련한 전 행동을 탐색하기

: 자신의 문제가 된 인터넷 사용 시 나의 모습, 가장 슬픈 일, 내 스스로 마음에 안 들었던 순간, 자신이 가장 욱했던 순간을 작성한다. 이 순간에 들었던 감정을 표현한다. 팀원들끼리 최근 상황들을 주고받으면서 그 상황에서의 전 행동을 탐색하고 주고받는다. 그 상황에서 가장 효과적인 행동에 대하여 서로 토의하는 시간을 가진다.

: 정말로 필요한 것을 얻기 위해 노력할 수 있을까? 자신의 욕구를 충족할 수 있는 것을 점검하고, 계획을 세우는 습관을 가진다.

: 같은 조원들끼리 서로에게 피드백을 주고받는다.

⑤ 감정 다스리는 법 연습하기

: 자신이 표현한 감정을 다스리는 연습과 신체적인 변화를 다스리는 연습을 한다.

마무리

① 진행자는 프로그램 내용을 요약 · 정리하기

② 참가자의 느낌이나 생각을 나누고 진행자는 격려의 메시지를 전달하기

③ 다음 회기에 대해 공지하고 마무리하기

〈활동지 4-1〉

나의 전 행동 탐색지

	행동하기	생각하기	감정 느끼기	신체반응
슬플때				
맘에 들지 않을 때				
욱했던 상황				
속상할 때				

제5회기 반가워 친구들아

활동개요

<table>
<tr><td>목표</td><td colspan="2">• 자신의 행동은 스스로의 선택임을 인지할 수 있다.
• 인터넷 환경에서 긍정적인 전 행동을 선택하여 실천할 수 있다.</td></tr>
<tr><td>준비물</td><td colspan="2">활동지, 필기도구</td></tr>
<tr><td rowspan="3">주요내용</td><td>도입</td><td>• 프로그램 집단원들과 즐겁게 인사나누기
• 지난 회기에 대한 점검 및 이번 회기 설명하기</td></tr>
<tr><td>전개</td><td>• 이완활동하기 : 인간 실 풀기 게임
• 최근 일주일 내 인터넷 사용 시 나의 전 행동 탐색하기
• 건강하게 행동하는 방법 연습하기</td></tr>
<tr><td>마무리</td><td>• 프로그램 요약 · 정리하기
• 소감나누기
• 다음 회기에 대해 안내하기</td></tr>
</table>

활동내용

도입

① 프로그램 집단원들과 즐겁게 인사나누기

② 지난 회기에 대한 점검 및 이번 회기 설명하기

전개

① 이완활동하기 : 인간 실 풀기 게임

최근 내 자신의 욕구를 충족하기 위해서 다른 사람에게 피해를 주었던 경험이 있습니까? 내 환경을 탓하면 나의 나쁜 행동에 책임지지 않으려고 한 경험이 있는지? 있다면 행동에 대해 책임감을 갖게 할 수 있는 방법에는 어떤 것들이 있는지? 생각해보고 특히 내가 인터넷을 할 때 문제가 되었던 행동, 생각, 느낌, 신체반응을 생각하고 건강한 행동을 선택해 봅니다. 선택한 행동을 집단원들과 함께 연습해 봅시다.

② 인터넷 사용 중 나의 전 행동 탐색하기

: 최근 일주일동안 문제가 된 인터넷 행동 상황 중에서 4가지 맞추어 작성한다.

: 가장 슬펐던 행동상황, 내가 마음에 안 들었던 상황, 가장 욱했던 행동상황을 전행동의 4가지에 맞추어서 작성한다.

: 그 순간에 들었던 감정을 표현한다.

③ 건강하게 행동하는 방법 연습하기

: 자신이 행동을 분석하고 다스리는 방법을 선택하여 연습한다.

: 연습한 후 내가 선택할 수 있는 방법을 선택했을 때 나타나는 결과에 대해서 만족스러운지? 만족스럽다면 간단한 계획이라도 실천하면서 반복적으로 연습한다.

마무리

① 진행자는 프로그램 내용을 요약 · 정리하기

② 참가자의 느낌이나 생각을 나누고 진행자는 격려의 메시지를 전달하기

③ 다음 회기에 대해 공지하고 마무리하기

〈활동지 5-1〉

최근 일주일 동안 인터넷 사용 시 나의 전 행동 탐색하기

행동하기	
생각하기	
감정 느끼기	
신체반응	

〈활동지 5-2〉

건강하게 행동하는 방법 연습하기

인터넷 사용 시 가장 많은 행동 List	달라지고 싶은 행동
①	
②	
③	
④	
⑤	

제6회기 인터넷 세상, 나의 세계

활동개요

목표	• 좋은 세계와 지각된 세계를 이해한다. • 인터넷 상황에 적용할 수 있다.	
준비물	활동지, 필기도구	
주요내용	도입	• 참가자들과 즐겁게 인사나누기 • 지난 회기에 대한 점검 및 이번 회기 설명하기
	전개	• 이완활동하기 : 눈치게임 • 좋은 세계와 지각된 세계 이해하기 • 지각된 세계 인정하기
	마무리	• 프로그램 요약 · 정리하기 • 소감나누기 • 다음 회기에 대해 안내하기

활동내용

도입

① 프로그램 집단원들과 즐겁게 인사나누기

② 지난 회기에 대한 점검 및 이번 회기 설명하기

전개

① 이완활동하기 : 눈치게임

> 나의 인터넷 사용과 관련한 좋은 세계와 현실세계가 어떤지 생각해보고, 같은 점과 다른 점을 비교해 봅니다. 두 세계를 비교한 후 차이가 발견되면 인정하고 다르게 할 수 있는 행동을 찾아 연습해 봅니다.

② 좋은 세계와 지각된 세계 이해하기

: 진행자는 좋은 세계와 지각된 세계에 대해서 설명한다.

지각된 세계에 대해서 혹시 들어보았을까요? 그림에서 보듯이 현실세계는 있는 그대로의 상황이라고 볼 수 있습니다. 이 상황을 개인이 받아들일 때 개인이 가지고 있는 지식여과기와 가치여과기를 거치면서 개인이 인식하는 지각된 세계를 이루게 됩니다. 또한 개인은 자신이 이상적이라고 믿고 있는 좋은 세계에 비추어 상황을 다시한번 판단하게 됩니다. 좋은 세계라는 것은 우리가 가지고 있는 좋은 기억들과 혹은 내가 바라는 소망들입니다. 이러한 기억이나, 소망들을 구체적인 사진들을 모아놓은 내면의 사진첩이라고 할 수 있습니다. 이때 개인은 자신이 지각한 세계와 좋은 세계를 저울질해보고 자신의 상황에 대한 만족이나 갈등을 선택적으로 하게 됩니다.

자신의 인터넷 사용과 관련한 좋은 세계와 지각된 세계가 어떤지 생각해보고, 같은 점과 다른 점을 비교해 봅니다. 두 세계를 비교한 후 차이가 발견되면 인정하고 다르게 행동할 수 있는 전략을 찾아 연습해 봅니다.

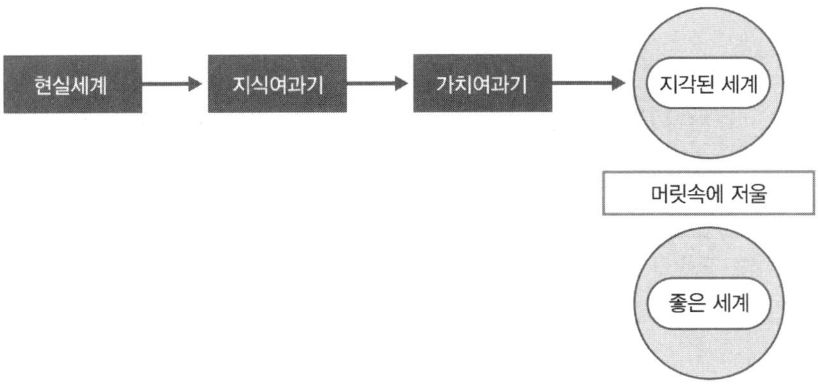

③ 좋은 세계

: 좋은 세계의 의미를 이해한다.

: 인터넷 관련 좋은 세계를 탐색한다.

: 우울, 충동성, 자아존중감과 관련된 좋은 세계를 탐색한다.

④ 지각된 세계 인정하기

: 지각된 세계의 의미를 이해한다.

: 인터넷 관련 지각된 세계를 탐색한다.

: 우울, 충동성, 자아존중감과 관련된 지각된 세계를 탐색한다.

⑤ 변명하지 않기

: 개별 집단원은 자신의 인터넷 관련 좋은 세계와 지각된 세계를 비교한다.

: 변명하지 않고 스스로 책임져야 하는 법을 배우고 연습한다.

마무리

① 진행자는 프로그램 내용을 요약 · 정리하기

② 참가자의 느낌이나 생각을 나누고 진행자는 격려의 메시지를 전달하기

③ 다음 회기에 대해 공지하고 마무리하기

〈활동지 6-1〉

인터넷과 관련된 좋은 세계 탐색하기

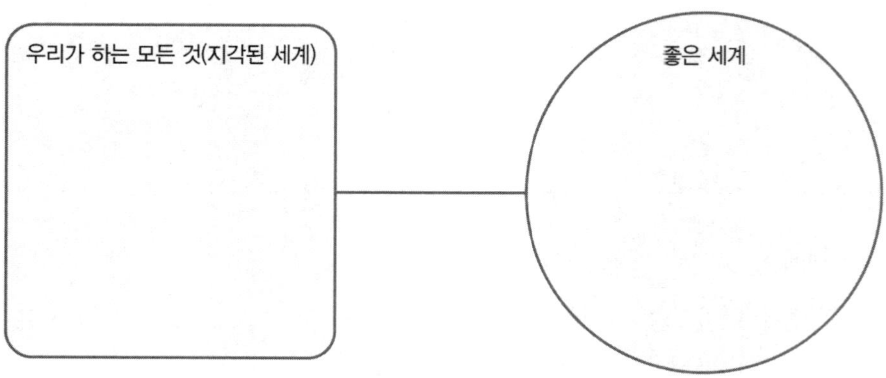

〈활동지 6-2〉

좋은 세계와 지각된 세계

인터넷 관련 좋은 세계	인터넷관련 지각된 세계

제7회기 인터넷 세상 균형 잡기

활동개요

<table>
<tr><td>목표</td><td colspan="2">• 나의 지각된 세계를 이해한다.
• 좋은 세계와 지각된 세계 극복방법을 인터넷 상황 속에서도 적용할 수 있다.</td></tr>
<tr><td>준비물</td><td colspan="2">색종이, 나무젓가락, 실, 가위, 네임펜</td></tr>
<tr><td rowspan="3">주요내용</td><td>도입</td><td>• 참가자들과 즐겁게 인사나누기
• 지난 회기에 대한 점검 및 이번 회기 설명하기</td></tr>
<tr><td>전개</td><td>• 이완활동하기 : 의자 뺏기게임
• 모빌 만들기
• 욕구와 차이를 극복하기
• 인터넷으로 인해 파괴하는 요인은 무엇일까?</td></tr>
<tr><td>마무리</td><td>• 프로그램 요약 · 정리하기
• 소감나누기
• 다음 회기에 대해 안내하기</td></tr>
</table>

활동내용

도입

① 프로그램 집단원들과 즐겁게 인사나누기

② 지난 회기에 대한 점검 및 이번 회기 설명하기

전개

① 이완활동하기 : 의자 뺏기게임

색종이를 이용하여 좋은 세계와 지각된 세계의 모빌을 만듭니다. 만든 모빌이 균형을 이루지 못했다면, 두 세계에 차이가 생기기 때문이죠. 두 세계에 균형을 맞추기 위한 방법이 있을까요. 그렇다면 찾아 행동으로 실천해 봅시다.

② 모빌 만들기

: 색종이를 이용하여 나의 좋은 세계와 지각된 세계를 만든다. 한쪽에는 좋은 세계, 한쪽에는 지각된 세계의 색종이 모빌을 만든다.

: 모빌이 균형을 이루려면 어떻게 해야 하는지 집단원들과 의논한다.

: 통제하지 못하는 상황이 있다면 자신 안에 있는 좋은 세계와 지각된 세계의 차이 때문에 생겨나는 것인지에 대해 설명한다.

③ 욕구와 차이를 극복하기

: 만약 모빌이 균형을 이루지 못한다면, 통제하지 못하는 상황은 자신 안에 있는 좋은 세계와 지각된 세계의 차이 때문에 생겨나는 것임을 설명한다.

: 자신의 좋은 세계와 지각된 세계의 차이가 생길 때 어떠한 행동을 하는지에 대해 나눈다.

: 상황을 대처하고 극복할 수 있는 구체적인 방법을 찾아 연습한다.

④ 인터넷으로 인해 파괴되는 요인은 무엇일까?

: 인터넷으로 인해 파괴되는 요인(친구, 가족 등)이 무엇인지에 대해 상기해본다.

: 최근에 인터넷으로 인해 가까운 사람과 한 상황에서 서로가 원하는 것이 달라 갈등에 빠졌을 때 어떻게 파괴되는 요인을 적어보고 어떻게 해결 할 수 있는 방법에 대하여 팀원들끼리 서로 주고받는다.

마무리

① 진행자는 프로그램 내용을 요약 · 정리하기

② 참가자의 느낌이나 생각을 나누고 진행자는 격려의 메시지를 전달하기

③ 다음 회기에 대해 공지하고 마무리하기

제8회기 난 지금 어떤 계획을 세울 수 있을까?

활동개요

구분		내용
목표		• 계획하기 방법을 익힌다. • 인터넷 사용에 대한 계획을 세울 수 있다.
준비물		활동지, 필기도구, 도화지
주요내용	도입	• 참가자들과 즐겁게 인사나누기 • 지난 회기에 대한 점검 및 이번 회기 설명하기
	전개	• 이완활동하기 : 인간 실 풀기게임 • 나는 무엇을 원하는 가? • 계획 세우기 • 세운 계획 다짐하기 • 슬로건 정하기
	마무리	• 프로그램 요약 · 정리하기 • 소감나누기 • 다음 회기에 대해 안내하기

활동내용

도입

① 프로그램 집단원들과 즐겁게 인사나누기

② 지난 회기에 대한 점검 및 이번 회기 설명하기

전개

① 이완활동하기 : 인간 실 풀기게임

> 누구나 지금까지 살면서 세웠던 계획 중 성공하거나 실패한 것이 있습니다. 왜 어떤 계획은 성공했고 어떤 계획은 실패했을까요? 인터넷 사용도 마찬가지지요. 인터넷 사용 계획도 성공하거나 실패한 경험이 있을 것입니다. 지금부터는 바른 인터넷 사용을 위한 계획을 세워 볼 것입니다. 계획이 이루어지면 삶에 어떤 변화가 일어날까요?

② 나는 무엇을 원하는가?

: 내가 정말로 원하는 것은 무엇인가? 내 인생의 최종목적은 무엇인지를 확인함으로써 현재의 내 모습을 다시 점검해 본다.

③ 계획 세우기

: 소규모 집단(4명 정도)으로 나누어 지금까지 살면서 세웠던 계획 중 성공했던 것, 실패했던 것을 생각하며 인터넷을 바르게 사용 가능한 계획을 세운다.

: 계획세우기 단계에 있어, 우울을 극복하고, 충동을 조절하며 자아존중감을 높일 수 있는 계획을 세우도록 독려한다.

: 세운 계획의 목표가 달성되도록 구체적으로 세운다.

: 작성한 부분에 대해 이야기한 다음 피드백을 주고받는다.

> S Simple: 계획은 이해하기 쉬우면서도 구체적이어야 한다.
> A Attainable: 계획은 내담자의 능력만으로도 수행할 수 있어야 한다.
> M Measurable: 계획을 달성 했는지 여부-행동양식이 변화했는지-를 객관적으로 측정할 수 있어야 한다.
> I Immediate & Involved: 계획은 빠른 시간 내에 수행될 수 있어야 한다.
> C Controlled: 타인의 행동 양식과는 상관없이, 내담자가 독립적으로 수행할 수 있어야 한다.

④ 세운 계획 다짐하기

: 자신이 세운 계획을 참가자들과 나눈다. 특히, 계획이 실현 되었을 때 어떤 변화가

생길지에 대해 이야기한다.

: 발표하는 참가자가 계획을 잘 지킬 수 있도록 지지 · 격려한다.

⑤ 슬로건 정하기

: 향후 실행을 위한 독려의 방법으로 나만의 슬로건을 정하여 발표한다.

마무리

① 진행자는 프로그램 내용을 요약 · 정리하기

② 참가자의 느낌이나 생각을 나누고 진행자는 격려의 메시지를 전달하기

③ 다음 회기에 대해 공지하고 마무리하기

〈활동지 8-1〉

인터넷 사용 계획 세우기

인터넷을 사용하는 나의 모습	SAMIC 한가?	나의 계획
	S Simple: 계획은 이해하기 쉬우면서도 구체적이어야 한다.	
	A Attainable: 계획은 내담자의 능력만으로도 수행할 수 있어야 한다.	
	M Measurable: 계획을 달성 했는지 여부–행동양식이 변화했는지–를 객관적으로 측정할 수 있어야 한다.	
	I Immediate & Involved: 계획은 빠른 시간 내에 수행될 수 있어야 한다.	
	C Controlled: 타인의 행동 양식과는 상관없이, 내담자가 독립적으로 수행할 수 있어야 한다.	

제9회기 내 삶의 주인 되기

활동개요

구분		내용
목표		• 계획을 점검한다. • 자신이 원하는 것을 이해하고 실천 가능한 계획을 세운다.
준비물		활동지, 필기도구(색연필, 싸인펜, 볼펜)
주요내용	도입	• 참가자들과 즐겁게 인사나누기 • 지난 회기에 대한 점검 및 이번 회기 설명하기
	전개	• 이완활동하기 : 미로 찾기 게임 • 실천 평가하기 • 나의 미래를 계획하기 • 계획 지지해주기
	마무리	• 프로그램 요약 · 정리하기 • 소감나누기 • 다음 회기에 대해 안내하기

활동내용

도입

① 프로그램 집단원들과 즐겁게 인사나누기

② 지난 회기에 대한 점검 및 이번 회기 설명하기

전개

① 이완활동하기 : 미로 찾기 게임

> 지난 한주 바른 인터넷 사용계획을 실천했나요? 미래를 상상하는 것은 언제나 설렘을 주지요. 내가 원하는 미래를 그린 후 실현될 수 있도록 장기, 중기, 단기 목표를 세워 봅시다. 계획은 실천을 위한 디딤돌입니다.

② 실천평가하기

: 8회기 활동지 활용하여 지난 회기 세운 계획의 수행여부를 확인한다.

: 수행하면서 어려웠던 점을 이야기하고 무엇이 문제인지 스스로 평가한다.

: 평가 후 수정하고 새로운 계획을 세운다.

: 참가자들 앞에서 실천을 다짐하고 다른 집단원들은 지지의 메시지를 남긴다.

③ 나의 미래를 계획하기

: 자신이 원하는 미래의 모습을 상상한 후 구체적인 계획을 세운다. 장기, 중기, 단기목표로 구분하여 계획을 세운다.

예) 장기 목표(10년 이상) : 10년 후에 방송 작가가 되겠다.

중기목표(3-5년) : 문예창작학과에 입학한다.

단기 목표(주간, 일간 목표) : 매일 신문의 사설을 읽고 스크랩을 하겠다.

: 3인이 한 팀이 되어 발표하고 서로 토론하도록 한다.

지금 내가 정말로 원하는 것은 무엇인가? 그리고 내가 그것을 이루기 위하여 행하고 있는 것은 어떤 것이며, 지금 내가 행하는 것이 정말로 도움이 되는지? 그 과정에서 지금 가지고 있는 꿈이 실현 가능한가? 가능하지 않다면 어떻게 할 것인가? 자기의 지금 현재 행동들이 그 꿈을 이루어 가는데 도움이 되는가? 도움이 되지 않는다면 어떻게 행동해야 할까? 또한 그렇게 행동했을 때 인생은 어떤 방향으로 가겠는가? 그러면 어떤 약속을 스스로에게 하겠는가? 나의 행동 계획은 무엇이지를 마지막으로 점검하게 한다.

④ 계획 지지해주기

: 친구들의 계획에 대해 잘할 수 있다는 자신감과 믿음을 심어준다.

마무리

① 진행자는 프로그램 내용을 요약 · 정리하기

② 참가자의 느낌이나 생각을 나누고 진행자는 격려의 메시지를 전달하기

③ 다음 회기에 대해 공지하고 마무리하기

〈활동지 9-1〉

실천 평가하기

인터넷을 사용하는 나의 모습		
다시 계획 세우기		
계획 평가	S Simple : 계획은 이해하기 쉬우면서도 구체적이어야 한다.	
	A Attainable : 계획은 내담자의 능력만으로도 수행할 수 있어야 한다.	
	M Measurable : 계획을 달성 했는지 여부-행동양식이 변화했는지-를 객관적으로 측정할 수 있어야 한다.	
	I Immediate & Involved : 계획은 빠른 시간 내에 수행될 수 있어야 한다.	
	C Controlled : 타인의 행동 양식과는 상관없이, 내담자가 독립적으로 수행할 수 있어야 한다.	

〈활동지 9-2〉

☼ 나의 미래 계획하기 ☼

<table>
<tr><td colspan="2">내가 원하는 모습</td><td></td></tr>
<tr><td colspan="2">장기 목표(10년-20년)</td><td></td></tr>
<tr><td colspan="2">중기목표(3-5년)</td><td></td></tr>
<tr><td rowspan="4">단기 목표</td><td>1년</td><td></td></tr>
<tr><td>한 달</td><td></td></tr>
<tr><td>일주일</td><td></td></tr>
<tr><td>오늘</td><td></td></tr>
</table>

제10회기 시작! 또 다른 성공

활동개요

목표	• 성공경험을 공유한다. • 새로운 실천계획에 대해 실천의지를 다진다.	
준비물	도화지, 필기도구(싸인펜, 색연필, 볼펜), 깃발사진, 소감문, 선서판, 사후검사지, 수료증, 선물, 다과	
주요내용	도입	• 참가자들과 즐겁게 인사나누기 • 지난 회기에 대한 점검 및 이번 회기 설명하기
	전개	• 프로그램 정리하기 • 칭찬 파티하기 • 인터넷 사용 헌장 만들기와 선서하기 • 소감문 작성 및 소감 나누기 • 선물 증정하기 • 사후검사 실시하기
	마무리	• 수료증 증정하기 • 진행자 마지막 종결 인사하기

활동내용

도입

① 프로그램 집단원들과 즐겁게 인사나누기

② 지난 회기에 대한 점검 및 이번 회기 설명하기

전개

마지막 프로그램을 시작합니다. 함께한 친구들에게 칭찬의 말을 건넵시다. 오늘 이후 각자의 삶에서 미래를 위한 바른 인터넷 사용 계획을 실천하기 위해 다짐의 시간을 갖기로 합시다.

① 프로그램 정리하기

: 프로그램에 대한 기대가 얼마나 이루어졌는지 확인한다.

: 깃발 사진 찍은 것을 가지고 자신의 욕구와 행동에 대해 재정리한다. 과거의 문제가 현재까지 문제가 되는지 생각해보고 집단원과 이야기한다.

② 칭찬파티하기

: 집단원들과 칭찬 롤링페이퍼를 한다. 서로에게 해주고 싶은 이야기, 칭찬과 격려, 변화에 대한 응원메시지를 쓴다. 집단원들이 롤링페이퍼를 돌아가면서 읽으며 소감을 나눈다.

③ 인터넷 사용 헌장 만들기와 선서하기

: 소규모 팀을 나누어 인터넷 사용 헌장을 만들어 발표한다. 그 중에 좋은 내용을 발췌하여 헌장을 작성하고 함께 선서한다.

④ 소감문 작성 및 소감 나누기

: 프로그램 소감문을 작성하고 소감을 함께 나눈다.

⑤ 선물 증정하기

: 열심히 참여한 참가자들에게 칭찬과 선물을 증정한다.

⑥ 사후검사 실시하기

마무리

① 수료증 증정하기

② 진행자 마지막 종결 인사하기

: "사랑"이란 노래를 부르면서 집단원들이 둥그렇게 서서 악수로 따뜻함을 나누고 집단을 마무리한다. 슬로건("We can do it" 등등)을 큰 소리로 외치고 마친다.

〈활동지 10-1〉

인터넷 사용 헌장

우리는 인터넷을 사용함에 있어 서로에게 도움 되는 시간이 되기 위해 노력하겠습니다.

1.
2.
3.
4.

000 집단 참가자 :

〈활동지 10-2〉

________의 칭찬해주고 싶은 부분을 적어주세요

〈활동지 10-3〉

제 2019-1호

수료증

학년 : 000학교

이름 : 000

위 학생은 ~~ ~~ 교육을 수료하여 수료증을 드립니다.

(교육기간 : 2000 . 00. 00. ~ 2000 . 00. 00.)

2000년 00월 00일

학교장/기관장

3) 현실치료 집단 프로그램 적용

중고등학생인 청소년을 대상으로 인터넷 중독을 치료하기 위한 집단 프로그램은 보통 6-10회기를 60-90분을 진행하였다. 〈표 4-2〉는 대표되는 선행연구들을 공통적 요소를 중심으로 정리하였다. 현실치료 이론을 기반으로 하는 집단 프로그램을 수행할 때 주안점을 제시하면 다음과 같다.

첫째, 현실치료에서 제시하고 있는 다양한 개념들에 대해 참가자들에게 충분히 설명하는 시간이 필요하다. 그리고 개념 설명은 구체적인 사례를 들어 제시하여 참가자들이 자신의 실생활에 적용하여 경험을 나눌 수 있도록 한다.

둘째, 실천가는 다음과 같은 사항에 유의해야 한다. ① 참가자의 변명을 받아들이지 않도록 조심해야 한다. ② 참가자들이 어떠한 행동을 취하든 그 순간에는 그 행동이 최선이라고 생각했기 때문에 선택한 것이므로 왜라는 질문을 하지 않아야 한다. ③ 참가자를 처벌하거나 비판, 논쟁하지 말아야 하며, 집단구성들도 서로를 비판하지 않도록 하여야 한다. 그리고 참가자의 행동에 따른 결과는 스스로 책임지도록 해야 한다.

셋째, 프로그램의 효과 여부를 측정하고자 할 경우, 프로그램의 사전 · 사후 검사 활동을 포함할 수 있다. 이때 사전 검사는 참여 학생들의 심리적 불편감을 해소한 후 실시하는 것이 좋으므로 1차시 프로그램에 대한 안내를 받은 후 실시한다. 사후 검사는 10차시 본 프로그램 운영 직후 별도의 시간을 확보하여 실시하도록 한다.

넷째, 실천가는 참가자들의 행동에 쉽게 실망하거나 포기하지 않고 최선을 다하는 상담자 이미지를 참가자들에게 전달할 필요가 있다. 이러한 이미지가 성공적으로 전달되었을 때 집단원이 필요할 때마다 지속적으로 쉽게 다가올 수 있다. 모든 인간은 상황에 따라 실수할 수 있고, 실수한 것에 대해 스스로 책임을 지며 발전 성장하는 것이라는 메시지를 청소년들이 인식하도록 하는 것이 중요하다. 그래야만 청소년들이 인터넷 중독이 재발되었을 때 죄책감 없이 도움을 받을 수 있기 때문이다.

〈표 4-2〉 선행연구의 현실치료 집단 프로그램 예시

강민선, 이양희(2015)	송현정(2012)	윤광선(2004)
• 프로그램 취지, 각 회기 내용 설명하기 • 집단원소개(질문해주세요 게임) • 서약서작성, 프로그램 규칙정하기	안녕~ 만나서 반가워^^ • 프로그램 참여 동기 유발하기 • 프로그램에 대한 이해를 높이고 집단원 간의 신뢰감과 친밀감 갖기 • 집단의 규칙정하기	오리엔테이션 • 사전검사하기 • 프로그램안내 • 자기소개하기
• 바램(want)에 대해 배우기(영화 포스터나 광고자료 참고) • 바램(want)을 알아보는 게임하기	바람을 찾아보자 • 자신의 인터넷을 하는 상황을 탐색하기 • 자신의 인터넷 사용의 문제를 극복할 수 있는 방법탐색하기 • 자신을 우울하게 하고 자아존중감이 떨어지게 하며 충동을 일으키는 상황을 탐색하여 극복방법 찾기	5가지 기본욕구 이해 • 욕구탐색하기 • 욕구충족활동 하기
• 자기행동 관찰 표 작성하기 • 현실과 인터넷에서 바램(want)을 어떻게 충족하는지 알아보기 • 행복했을 때 찍은 사진이나 이야기로 카드꾸미기(Quality world)	원하는 것은 다 말해봐!! • 자신의 5가지 욕구를 탐색하기 • 행동을 결정하여 자신감을 가지고 상황을 극복하기 • 행동은 자신의 선택이라는 것을 이해하기	욕구충족생활의 이해 • 타인의 욕구충족을 방해하지 않는 나의생활계획 및 변화도모하기
• 카드와 행동 관찰 표 비교(평가): 원하는 것(관계, 진로 또는 대안활동)을 얻기 위해 하고 있는 행동 조사하기 • 인터넷 사용패턴 점검하기 • 1차 치료목표 세우기 • 보상 정하기	내 모습 찾기 • 자신의 전 행동을 탐색하기 • 자신의 행동에 대한 감정을 나누기 • 타인이 표현한 감정과 행동에 대해 이해하기	전행동의 이해 및 갈등상황 알아차리기 • 인간행동 4가지 구성 요소와 갈등 대처를 위한 행동 선택 점검하기
• '변명하지 않기' 강의하기 • 스트레스 관리법 강의하기 • 구체적인 스트레스 관리법 해보기: 심호흡, 스트레칭, 명상, 운동	별거 아니네. 나도 할 수 있어. • 내가 통제할 수 있는 행동에 대해서 알아보기 • 통제가 힘든 상황에서 잘 대처할 수 있는 방법을 탐색하기 • 내가 하는 행동은 나의 선택임을 인지 하기	행동선택에 대한 책임 • 자기선택에 대한 책임지기

강민선,이양희(2015)	송현정(2012)	윤광선(2004)
• 대안활동 생각해보기: 가능한 모든 대안활동을 생각해보기 • 유익하고, 재미있고, 현실 가능한 활동을 집단원끼리 토론해서 상자에 담아보기	좋은 세계로 떠나보자 • 나의 욕구충족의 방법은 올바른 인터넷 사용과 감정 다루기에서 이루어짐을 이해하기 • 좋은 세계와 지각된 세계를 이해하기 I can do it!!! • 나의 현실세계를 통찰하기 • 인터넷을 바로 사용하고 우울을 극복하며 자신을 사랑하는 의지 갖기 이제부터 Let's go! • 효율적이고 책임성 있는 선택하기와 계획하기를 훈련하기 • 지금 당장 할 수 있는 계획을 세우기 • 구체적인 계획을 세우기	질적인 세계를 위한 행동의 방향과 이를 위한 계획하기 • 간단하고 즉각적이고 구체적이고 진지한 계획 평가하기
• 인터넷 시간을 조절할 수 있게 한 요인 탐색하기: 잘한 점과 잘못한점 발표하기 • 집단원 칭찬하기 • 10년 후 나에게 편지쓰기 • 치료목표와 대안활동 포함한 행동기록표 작성하기	꼭! 꼭! 약속해!! • 지난 회기에 계획한 것을 실천 할 수 있도록 세웠던 계획을 점검하기 • 무엇이 어려웠는지 문제인지를 스스로 평가해보고 새로운 계획을 세워 실천할 것을 다짐하기	내 삶의 주인은 나 • 타인과의 갈등 상황에서 행동변화의 주체자임을 확인하기
• 나의 변화: 프로그램하면서 느낀 점 발표하기 • 인터넷 중독척도 실시하기 • 격려 및 축하하기	우리 모두는 멋진 주인공 • 변화된 자신의 모습을 확인하기 • 성공경험을 공유함으로 계획을 실천하는 것의 의지다지기 • 격려와 칭찬을 통해서 목표유지의 의지 다지기	W.D.E.P과정 체험하기 • 자신이 원하는 것, 그것을 얻기 위해 한 행동, 평가 새로운 계획세우기 • 사후검사하기

2. 동기강화이론을 기반한 집단 프로그램

동기강화상담(Motivational Intervewing, MI)은 알코올 중독자들의 치료를 위해 개발되어 다양한 물질중독 및 도박(Hodgins & Diskin, 2008) 및 운동과 같은 행동중독(Resnicow et al., 2001; Smith et al., 1997)영역에서도 효과성이 입증되고 있다. Miller와 Rollnick(2002)은 동기요인이 없이는 어떠한 욕구도 존재하지 않으며 동기요인이 행동을 시작하고, 방향을 정하고, 행동을 유지한다고 하였다. 이러한 변화 의지는 현 위치와 달성할 목적 사이의 부조화나 현재 생활과 자기의 가치관 사이의 부조화 정도와 관련이 있다. 부조화 개념은 자기규제이론에서 유래된 것으로 현실에 별다른 불만이 없는 한 변화는 나타나지 않는다. 열망 혹은 기대하는 이상과 현재 상태와의 부조화가 커지면 동기가 생기기 시작하는 것이다. 능력은 부조화가 충분히 커지고 변화가 중요하게 여겨질 때 변화할 방법을 찾기 시작한다. 인터넷 중독에 대해 다양한 개념화가 이루어지고 있지만 공통적으로 인터넷 사용 조절의 손상이 인터넷 중독의 중심이므로 동기요인과의 사투가 치료 효과의 핵심인 것이다.

동기강화상담은 내담자의 느낌과 관점, 그리고 인생목표 등에 대한 탐색을 통해 변화 동기를 자연스럽게 이끌어내는 것으로, 내담자의 내면에 이미 잠재된 자질들을 발견하고 끌어낼 수 있도록 돕는 상담을 말한다. 내담자 스스로가 변화를 향해 말할 수 있도록 하는 것이 변화대화이다. 변화대화는 현재의 문제행동을 지속했을 때의 단점, 변화했을 때에 생길 가능성, 변화 가능성에 대한 긍정적 생각 및 표현이 등이다(Miller & Rollnick, 2006). 내담자가 변화에 대한 양가감정을 자신의 언어로 표현할 수 있도록 하여 내담자의 변화대화를 전략적으로 이끌어내는 것이 중요하다(김은하, 박승민, 2011).

동기강화상담의 원리를 살펴보면 첫째, 공감 표현하기이다. 이는 로저스가 말한 반영적 경청과 공감적 이해를 기본으로 한다. 특히 양가감정을 느끼는 것이 정상임을 인정하고 반영적 경청을 하고 치료자가 수용하면 변화가 촉진된다는 원리이다. 둘째, 불일치감 만들기이다. 상담자는 내담자의 현재 행동과 가치관 사이의 불일치감을 만들고 이를 증폭시키는 상담을 한다. 셋째, 저항과 함께 구르기이다. 이는 내담자의 저항에 직접 맞서지 말고 내담자의 저항과 함께 구르는 것이다. 상담자는 내담자와 변화에 대해 논쟁을 피하고, 저항에 직접 맞서지 않아야 한다. 넷째, 자기효능감 지지해주기이다. 자기효능감은 변화 동기를 구성하는 핵심요인이며, 과제를 성취하고 성공시킬 수 있다는 자기능력에 대한 믿음이다. 실천가는 내담자의 자신의 변화를 위해 현실의 어려움에 맞설수 있도록 내담자의 자기효능감을 지지해줘야 한다. 따라서 동기강화상담에서 실천가가 주로 사용하게 되는 기술은 반영적 경청을 통한 공감표현하기, 내담자의 목표와 현재 행동의 모순이나 불일치감을 발달시키기, 논쟁과 직접적인 직면 피하기, 내담자의 저항에 직접적으로 맞서기보다 조절하기, 자기효능감 지지하기이다 (Foley et al, 2005).

동기강화의 변화과정은 특정 시기에 경험하는 변화 동기의 강도별 서열을 나타낸 것으로 전숙고단계(precontemplation stage), 숙고단계(contemplation stage), 준비단계(preparation stage), 행동단계(actionstage), 유지단계(maintenancestage)로 구분된다 (Prochaska & Norcross, 2001; Prochaskaetal, 1992). 현재 변화를 전혀 고려하지 않는 전숙고단계에 있는 개인들은 방어적이며 자신의 문제와 관련허 문제를 제기하는 것을 거부한다. 치료를 받으려 하지 않거나 수동적이기도 하다. 또한 문제 인식이 부족하여, 자신이 중요한 타인에 의해 강요받거나 이용당한다고 느낀다. 변화에 대하여 혹은 변화가 필요한지, 아닌지에 대해 심각하게 고려해 보는 숙고단계에 있는 개인은 자신의 행동을 변화시키는 것에 대해 생각하지만 실제적인 행동 변화전략에는 아직 참여하지 않는다. 변화를 계획하고 의지를 다지는 준비단계에 있는 개인은 가까운 미래에 변화를 시작하기 위해 계획을 세우며, 과거에 시도한 실패와 노력으로부터 교훈을 배운다. 치료 효과에 대한 낙관성과 자기효능감을 격려해주는 것이 매우 필요하다. 행동단계는 실제적인 변화를 행동으로 실천하는 단계이며, 개인이 자신의 문제를 극복하기 위해 행동, 경험, 환경을 수정하는 단계이다. 유지단계에 있는 개인은 행동단계 동안 이룬 변화를 유지하고 통합해가는 것이며 재발을 피하려고 하는 것이다.

1) 프로그램 목표

본 프로그램은 동기강화 집단 프로그램을 청소년 대상으로 실시하여 인터넷 중독 개선에 긍정적인 영향을 미치는지를 살펴보고자 한다. 구체적인 목표는 다음과 같이 다양하게 제시될 수 있다.

첫째, 동기강화 집단 프로그램이 중고등학생의 인터넷 중독 감소에 효과가 있다.
둘째, 동기강화 집단 프로그램은 중고등학생의 충동성 감소에 효과가 있다.
셋째, 동기강화 집단 프로그램은 중고등학생의 자기통제력 증가에 효과가 있다.

2) 프로그램 구성 및 원리

동기강화에 기반한 프로그램은 참가자들의 인터넷 중독을 줄이기 위한 동기를 증가시키는 것으로 변화를 위한 준비성을 평가하여 참가자들의 수준에 맞는 개입전략을 세우고, 변화와 집착에 대한 탐색과 양가감정을 다룬다. 문제를 해결하고자 하는 변화동기와 준비성을 증가시키는 오리엔테이션을 진행한 후 수용, 개방 질문, 경청기법을 주로 하는 공감을 프로그램 전체 과정에 사용하였고, 내담자 중심 상담과 지시적인 상담을 적절하게 균형감을 유지할 수 있도록 한다(Berg-Smith et al, 1999). 프로그램 과정은 전숙고, 숙고, 준비, 실행, 유지 단계로 구성하였으며 총 10회기 90분으로 진행한다.

전숙고단계는 집단원 사이의 관계를 형성하는 과정과 프로그램을 소개하는 과정으로 이루어진다. 관계 형성하기에서 집단원들이 편안하게 집단에 참여할 수 있도록 도우며 자신의 문제에 대해 더 많이 이야기하도록 초점을 맞춘다. 프로그램 집단원을 소개하고 프로그램에서 바라거나 기대하는 점을 나누고, 집단 참석 출석 일정을 포함한 집단 규칙을 정하고 지도자의 설명과 집단원들의 활동을 통해 변화단계를 이해하고, 자신의 변화단계에 대한 현 위치를 스스로 확인하는 활동이다. 숙고단계인 관점 탐색하기는 집단원들의 개인적인 관점과 상황을 탐색해보게 하고, 서로 간 상호작용이 깊어지도록 한다. 인터넷 중독으로부터 벗어나고자 하는 자신의 변화 필요성을 인식하고 이러한 변화에 대한 동기를 일으키는 것이다. 인터넷 중독으로 인하여 자신의 감정이 소외되었음을 탐색하고 감정에 접촉할 수 있도록 한다. 이를 통해 변화 동기는 외부의 요구에 의해서가 아니라 집단원 내면의 변화에 대한 본질적 갈망이 생김으로 인해 일어난다는 것을 인식하도록 한다. 자신의 인터넷 사용 문제가 지속될 경우 '좋은 면(이득)'과 '별로 좋지 않은 면(손실)'을 생각해보고 이것에 직면하여 인터넷 중독의 위험성에 대해 자각하도록 하여 자신의 현 상태와 미래를 생각해보도록 한다. 관점 확대하기에서는 깊은 상호작용을 유지하며 새로운 가능성에 대해 고려해보도록 돕는다. 인터넷 중독이 지속될 경우 이득과 손실에 대한 양가감정에서 새로운 행동을 조성할 수 있도록 준비하도록 한다. 인터넷 사용을 대체하는 대안활동은 변화에 대한 효능감을 지속적으로 유지하는데 중요한 요소로 작용한다. 대안 활동은 일회성이 아니라 인터넷 사용을 대체할만한 의미 있고 지속적으로 할 수 있는 가치 있는 활동이어야 한다. 구체적인 생각, 행동 변화계획을 세워 실천의 가능성을 높이도록 한다. 행동으로 옮기기 단계에서는 집단원들이 일상생활에서 변화를 시도할 수 있도록 돕는다. 자신이 추구하는 가치와 대안활동에 대한 구체적인 실천의지를 상징물로 표현하는 과정을 통해 신념을 가지고 변화를 지속시킬 수 있도록 한다. 프로그램을 통해 그동안 해왔던 활동들을 평가하고, 각자의 변화와 성장에 대해 공유하고 프로그램을 종결한다.

〈표 4-3〉 동기강화 집단 프로그램 세부내용

단계	회기	주제	목표	준비물	시간
전숙고단계: 관계 형성하기	1	친구들~ 환영해요	• 프로그램 참여 동기를 유발한다. • 집단원간의 친밀감과 소속감을 형성한다.	• 사전검사지 • 활동지(Q&A로소개하기, 나를 소개하는 단어 찾기) • 필기도구	60–90분
	2	친구, 이런 프로그램 처음이지~	• 변화단계를 이해한다. • 인터넷 사용관련 행동변화에 대한 자신감을 향상한다.	• 활동지(장단점 알아보기, 변화의 중요도와 자신감 척도) • 필기도구	60–90분

단계	회기	주제	목표	준비물	시간
숙고단계: 관점 탐색 하기	3	나의 다양한 감정 알기	• 인터넷/스마트폰 사용으로 불편함과 관련된 감정들을 인식한다. • 변화단계 이해를 통해 인터넷/스마트폰 사용에 대한 변화를 스스로 인식한다.	• 활동지(감정알기)	60–90분
	4	상상이 현실로~!!	• 과거와 미래의 모습에 대한 인식을 확대한다. • 현실유지의 이득과 손실을 탐색하고 대안을 제시한다.	• 8절 도화지, 켄트지 • 꼴라쥬 재료(잡지, 신문, 풀, 가위 등) • 필기도구(색연필, 싸인펜, 볼펜, 연필, 크레파스)	60–90분
	5	변화하는 내 모습	• 불일치감을 증가시킴으로 변화대화를 유도한다.	• 활동지 • 필기도구	60–90분
준비단계: 관점 확대 하기	6	사고 전환 그리고 변화	• 인터넷 사용과 관련한 사고 및 행동 변화를 통해 실천의 폭을 확대한다.	• 활동지 • 필기도구	60–90분
	7	내 인생의 가치	• 자신의 가치에 대해 안다. • 우선 가치와 인터넷 사용의 일치를 위한 실천방안을 모색한다.	• 활동지 • 필기도구	60–90분
실행 행동 및 유지단계: 행동으로 옮기기	8	계획은 변화의 첫걸음!	• 자신의 인터넷 사용패턴을 이해한다. • 인터넷 사용 감소를 위한 계획을 세워보고 실천해 본다.	• 활동지 • 필기도구	60–90분
	9	우린 달라졌어요.	• 변화의 방해요인을 찾고 수정한다. • 변화된 자신을 칭찬한다.	• 활동지 • 필기도구	60–90분
	10	변화된 나, 또 다른 시작	• 스스로 행동변화를 선택하고 실천함으로 자신감을 유지한다. • 인터넷/스마트폰 사용에 관한 자율성을 갖는다.	• 칼라점토 • 활동지 • 사후검사지 • 필기도구	60–90분

제1회기 친구들~ 환영해요

활동개요

목표	• 프로그램 참여 동기를 유발한다. • 집단원간의 친밀감과 소속감을 형성한다.	
준비물	Q&A질문지, 사전검사지, 카드, 활동지, 필기도구	
주요내용	도입	• 프로그램 진행자 소개 및 프로그램 참가자 환영하기 • 프로그램에 대해 설명하기 • 사전검사하기
	전개	• 집단원 소개하기 • 나 소개하기 • 행동변화단계에 대한 설명하기
	마무리	• 프로그램 내용을 요약 · 정리하기 • 느낌나누기 • 다음 회기에 대해 공지하고 마무리하기

활동내용

도입

① 프로그램 진행자 소개 및 프로그램 참가자 환영하기

② 프로그램에 대해 설명하기

③ 사전검사하기

전개

인터넷은 우리에게 매우 중요합니다. 중요한 컴퓨터 때문에 문제가 생기고 갈등이 생기기도 합니다. 갈등이 생기면 해결을 위한 변화가 필요합니다. 왜냐하면 나에게 중요한 컴퓨터를 언제나 즐겁게 하길 바라니까요. 그러나 변화는 누가 대신 해주는 것이 아니라 나의

> 결심과 실천으로 가능합니다. 우리는 매주 ○요일, 6번 만나 현실세계에서 컴퓨터를 좀 더 건강하게 사용하기 위해 생각하고, 느끼고, 행동하는 법을 계획하고 활동해 볼 것입니다. 오늘은 두 명씩 짝을 지어 인터뷰처럼 서로 소개하는 시간으로 시작합니다. 2명으로 시작한 자기소개는 집단으로 확대될 것입니다. 카드를 가지고 나를 표현할 수 있습니다. 카드는 신용카드, 크리스마스카드, 신분증, 놀이카드 등 다양하답니다. 나를 표현하는 긍정적인 단어 10개를 활용하여 원하는 나 카드를 만들어 봅니다.
> 본 프로그램은 앞서 이야기한 것처럼 변화가 중요합니다. 변화는 행동으로 보여 질 수 있지요. 가상에서 혹은 현실에서 게임을 할 때 변화를 필요로 하는 지점에 대해 이야기하며 프로그램을 활짝 열도록 하겠습니다.

② 집단원 소개하기

: 두 명씩 짝을 지어 Q&A로 서로 소개한다.

가장 좋아하는 인터넷 3가지, 방과 후 하루일과 소개, 하루일과 중 인터넷을 하지 않는다면 무엇을 할까?, 인터넷 사용 습관 중에서 고치고 싶은 것은 무엇인가? 에 대해 이야기를 해본다.

③ 나 소개하기

: 나를 표현할 수 있는 긍정적인 단어 10가지 고른다.

: 고른 단어를 이용하여 나를 표현하는 카드를 만든다.

: 만든 카드를 집단원에게 소개한다.

④ 사전검사 : 설문지를 작성한다.

마무리

① 진행자는 프로그램 내용을 요약 · 정리하기

② 느낌나누기 : 참가자의 느낌이나 생각을 나누고 진행자는 격려의 메시지를 전달한다.

③ 다음 회기에 대해 공지하고 마무리하기

〈활동지 1-1〉

Q&A로 소개하기

♠ 가장 좋아하는 인터넷 사용에서 3가지는 무엇인가요?

♠ 인터넷을 하는 이유는 무엇인가요?

♠ 언제부터 인터넷을 하게 되었나요?

♠ 인터넷은 주로 어디에서 하나요?

♠ 하루 일과 중 인터넷을 하지 않는다면 무엇을 할까요?

♠ 인터넷 사용 습관 중에서 고치고 싶은 것은 무엇인가요?

〈활동지 1-2〉

나를 소개하는 단어 찾기

♝ 잘생긴
♝ 키가 큰
♝ 친절한
♝ 배려심 많은
♝ 사람을 좋아하는
♝ 장점을 가진
♝ 친구가 있는
♝ 노는걸 잘하는
♝ 동생이 있는
♝ 목소리가 큰
♝ 머리가 긴
♝ 동생이 있는
♝ 음악을 잘하는
♝ 친구를 잘 사귀는
♝ 뭐든지 맛있게 먹는
♝ 대화를 잘하는
♝ 길을 잘 아는
♝ 칭찬을 잘하는
♝ 노래를 잘하는
♝ 사람들이 잘 따르는
♝ 운동을 좋아하는
♝ 자전거를 잘 타는
♝ 달리기를 잘하는
♝ 자신감이 있는
♝ 잘 웃는
♝ 가족을 좋아하는
♝ 인사를 잘하는
♝ 친구와 잘 노는
♝ 적응을 잘 하는
♝ 일찍 일어나는
♝ 약속을 잘 지키는
♝ 기타 (   )

제2회기 친구, 이런 프로그램 처음이지~

활동개요

목표	• 변화 단계를 이해한다. • 인터넷 사용관련 행동변화에 대한 자신감을 향상한다.	
준비물	활동지, 필기도구	
주요내용	도입	• 이전 시간 활동했던 내용을 정리 요약하기 • 프로그램에 대해 설명하기
	전개	• 행동변화단계에 대한 설명하기
	마무리	• 프로그램 내용을 요약 · 정리하기 • 느낌나누기 • 다음 회기에 대해 공지하고 마무리하기

활동내용

도입

① 이전 시간 활동했던 내용을 정리 요약하기

② 프로그램에 대해 설명하기

> 인터넷/스마트폰 하면 떠오르는 것들을 알아보면서 자신의 손바닥 위에 인터넷/스마트폰 사용의 좋은 점과 나쁜 점을 찾아보고 색으로 표현해보아요.

전개

① 행동변화단계에 대한 설명하기

〈6가지 변화단계〉

1. 전숙고 단계 : 자신에게 문제가 있다는 것을 전혀 인식하지 못하는 단계이다. 자신의 인터넷 사용에 대해 전혀 문제가 없다고 생각한다.
2. 숙고단계 : 자신의 인터넷 사용 대해 변화가 필요하다는 생각을 하지만 그 반대로 별 문제 없을 거라고 생각하여 거부감을 가지기도 한다.
3. 준비단계 : 인터넷 사용을 조절하여야겠다는 쪽으로 변화하고 있다. 그래서 인터넷을 제외하고 대신할 수 있는 활동을 알아보거나 필요한 노력을 하기도 한다. 변화하는 쪽으로 생각을 많이 하고 보다 더 진지하게 고려한다.
4. 행동단계 : 인터넷 사용하는 대신 친구와 함께 할 수 있는 취미나 운동을 하고 있다.
5. 유지단계 : 현상을 일어나지 않도록 전략을 찾아내어서 노력하고 있으며, 다른 영역에 대해서도 노력하고 있다.
6. 재발단계 : 숙고, 준비, 행동단계를 다시 거치고 있으나 목적을 포기하지는 않고 있다.

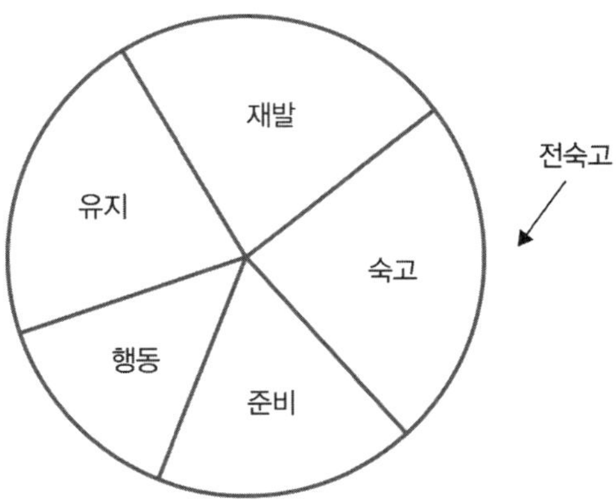

: 가상공간의 게임과 현실의 게임에 대한 장 · 단점을 이야기한다.

: 변화의 중요도와 자신감을 척도로 표현하는 게임을 한다.

> "만약 우리 앞에 척도가 있는데 척도위에 0은 '나의 인터넷 사용에 대해 변화할 동기가 전혀 없다'와 10은 '나의 인터넷 행동에 대해 변화할 동기가 매우 많다'라고 하면 지금 여러분은 어디에 있을까요?"
>
> "여러분의 인터넷 사용 행동에 변화하기를 원한다고 결정했을 경우 여러분은 변화할 자신감이 있습니까? 0은 '전혀 자신감이 없다' 10은 '자신감이 매우 많다'입니다. 만약에 변화하기로 마음먹었다면 그렇게 할 자신감을 말합니다."

마무리

① 진행자는 프로그램 내용을 요약 · 정리하기

② 느낌나누기 : 참가자의 느낌이나 생각을 나누고 진행자는 격려의 메시지를 전달한다.

③ 다음 회기에 대해 공지하고 마무리하기

〈활동지 2-1〉

가상공간의 게임과 현실의 게임에 대한 장단점 알아보기

가상공간 게임 장점		현실게임 장점	
가상공간 게임 단점		현실게임 단점	

〈활동지 2-2〉

변화의 중요도와 자신감 척도

☂ 중요도 점수

자신의 인터넷 관련 행동을 변화시키는 것이 얼마나 중요한가요? 해당하는 곳에 표시를 하고 점수를 작성하고, 중요도 정도를 글로 써보세요.

1				100
매우 중요하지 않음				매우 중요함

☀ 자신감 척도

인터넷 관련 행동을 조절하는 자신감이 어느 정도인가요? 해당하는 곳에 표시를 하고 점수를 작성하고, 자신감 정도를 글로 써보세요.

1				100
전혀 자신감 없음				매우 자신감 있음

제3회기 나의 다양한 감정 알기

활동개요

구분		내용
목표		• 인터넷/스마트폰 사용으로 불편함과 관련된 감정들을 인식한다. • 변화단계 이해를 통해 인터넷/스마트폰사용에 대한 변화를 스스로 인식한다.
준비물		활동지, 필기도구, 감정알기
주요내용	도입	• 이전 시간 활동했던 내용을 정리 요약하기 • 프로그램에 대해 설명하기
	전개	• 나의 다양한 감정알기 • 감정연습하기
	마무리	• 프로그램 내용을 요약 · 정리하기 • 느낌나누기 • 다음 회기에 대해 공지하고 마무리하기

활동내용

도입

① 이전 시간 활동했던 내용을 정리 요약하기

② 프로그램에 대해 설명하기

전개

① 나의 다양한 감정 알기

> 각자 자신의 주변 사람들에 대해서 이야기 나누어 보아요. 사람에 대하여 관계된 감정은 어떤 감정들이 있을까요?

: 불편한 상황에서의 감정을 탐색한다. 그리고 다양한 감정에 대해서 인식한다.

: 인터넷/스마트폰을 사용하지 못할 때의 감정은 어떠한지를 이야기하고, 나의 감정

에 대해서 인식한다.

: 자신의 감정을 적고 집단원과 함께 이야기 한다.

② 자신에게 영향을 미치는 주변 환경에 대해 평가하고 감정연습을 한다.

마무리

① 진행자는 프로그램 내용을 요약 · 정리하기

② 느낌나누기 : 참가자의 느낌이나 생각을 나누고 진행자는 격려의 메시지를 전달한다.

③ 다음 회기에 대해 공지하고 마무리하기

〈활동지 3-1〉

나의 다양한 감정 알기

감정 단어들을 보고 자신의 건강문제 행동의 변화를 위한 압력이나 필요를 느꼈던 감정들에 대해 모두 동그라미 하세요. 당신의 감정을 밑줄 그은 후에, 짧은 문장으로 묘사해보세요.

불안	분노	우울	미친
슬픈	걱정됨	행복함	놀람
충격적	화남	짜증남	무기력함
즐거움	혼동된	상실	두려움
신경적인	근심	후회	고통
만족	격분	지루함	갈등
창피한	희망	억압	중독

제4회기 상상이 현실로~~!!

활동개요

구분		내용
목표		• 과거와 미래의 모습에 대한 인식을 확대한다. • 현실유지의 이득과 손실을 탐색하고 대안을 제시한다.
준비물		8절 도화지, 꼴라쥬 재료(잡지, 신문, 풀, 가위 등), 켄트지, 필기도구(색연필, 싸인펜, 볼펜, 연필, 크레파스), 활동지
주요내용	도입	• 프로그램 참가자들과 즐겁게 인사나누기 • 어제 하루일과에 대해 둘씩 짝을 지어 이야기하기
	전개	• 지난 회기에 대한 점검 및 이번 회기 설명하기 • 자신의 인터넷 중독 행동에 대한 느낌과 감정다루기 • 꼴라쥬 활동하기 • '즐거운 상상하기' 활동하기 • 인터넷 사용행동 점검하기 • 과제 제안하기
	마무리	• 프로그램 내용을 요약 · 정리하기 • 느낌나누기 • 다음 회기에 대해 공지하고 마무리하기

활동내용

도입

① 프로그램 참가자들과 즐겁게 인사나누기

② 어제 하루일과에 대해 둘씩 짝을 지어 이야기하기

전개

① 지난 회기에 대한 점검 및 이번 회기 설명하기

인터넷 중독에 대한 주제를 가지고 꼴라쥬 작업을 하며 느낌과 감정을 다룰 수 있습니다. 걱정되거나 좋은 점, 미래는 어떨까 생각해 볼 수 있습니다. 미래는 아무도 알 수 없습니다. 그래서 상상할 수 있죠. 즐거운 상상!! ~한다면 상상속의 나를 생각하며 올바르게 인터넷을 사용하는 법을 선택할 수 있습니다. 그러기 위해서는 인터넷 사용에 대한 나의 행동을 이익과 손실로 알 수 있어야 합니다. 손실에 대한 구체적인 대안을 상상이 아닌 현실 속에서 찾을 수 있어야 합니다.

② 자신의 인터넷 중독 행동에 대한 느낌과 감정다루기

③ 꼴라쥬 활동하기

: 집단원에게 도화지, 꼴라쥬 재료를 나눈 후 주제(인터넷 관련)를 제시한다.

: 주제(인터넷 관련)에 따른 꼴라쥬 작업 후 발표한다.

제목, 느낌, 걱정되는 것과 좋은 것, 미래는 어떠할까?, 대안적인 행동은 무엇일까?

④ 즐거운 상상하기

: 즐거운 상상 속의 나에 대한 Q&A 작성한다.

20년 뒤의 나의 모습을 상상하며, 활동지를 작성하고, 참가자들이 돌아가며 발표하고 나와 다른 친구들의 특징을 찾고 확인한다.

: 인터넷 사용에 대한 나의 선택

인터넷 사용에 대하여 각각의 이유를 살펴보고자 한다. 만약 줄이고 싶다면 그 이유를 알아보고, 계속 사용하고 싶다면 어떤 이유인지를 생각해보게 한다.

⑤ 인터넷 관련 행동 돌아보기

: 인터넷과 관련하여 이득&손실을 정리해본다. 참가자들이 브레인스토밍으로 이야기하게 하고, 각각의 영역에 대해 작성해보게 한다.

: 참가자에게 단기적 이득과 장기적 이득이 어떤 것이 있고 각각 손실은 무엇인지 작성하여 발표한다.

⑥ 인터넷 사용 문제에 대해 고민하기

: 인터넷 사용에 대한 문제를 생각해보고 이에 따른 대안이 있는지를 생각해보고 이야기하게 한다. 만약 이러한 노력 없이 지속될 경우 나타날 수 있는 문제에 대해 서로 나눈다. 청소년이 자신의 인터넷 사용에 대해 가지는 양가감정을 스스로 탐색할 수 있도록 충분한 논의할 수 있도록 다양한 방법으로 유도한다. 그리고 이러한 감정에 참가자들이 잠시 머물도록 해준다.

"인터넷 중독에 대해 걱정하는 것이 무엇입니까? 인터넷 사용을 변화시킬 필요가 있다고 생각하게 만드는 것은 무엇입니까? 인터넷의 사용이 주변 타인과의 관계에 영향을 주는지에 대해 얘기해봐요.

결정저울 활용하기

결정저울은 가설적인 손실과 이득에 대해 연습해본다.

손실 예시〉

나는 이중생활을 하고 있어요 자꾸만 가족과 친구들에게 거짓말을 하게 되요.
부모님과 가족에게 죄책감을 느껴요.
인터넷의 과한 사용으로 학교에서 처벌받는 경우가 많아져요.

이득 예시〉

기분전환이 되요.
꿈을 꿀 수 있고 고민을 잊을 수 있어요.
친구를 사귈 수 있어요.

변화가 주는 손실 예시〉

변화한다는 것을 어려워요.
어렵고 괴로운 현재에 대해 생각하고 고민해야 해요.

나와 나의 미래에 대해 책임지는 것이 어려워요.

변화가 주는 이득 예시〉

나 스스로를 더 신뢰할 수 있게 됩니다. 더 이상 죄책감을 느끼지 않아도 되요.
그 시간에 다른 것을 할수 있게 되요. 운동을 할 수도 있고 친구를 만날 수도 있어요.
부모님에게 더 이상 잔소리를 듣지 않아도 되요. 더 이상 학교에서 벌을 받지 않아도 되요.

마무리

① 진행자는 프로그램 내용을 요약 · 정리하기

② 느낌나누기 : 참가자의 느낌이나 생각을 나누고 진행자는 격려의 메시지를 전달한다.

③ 다음 회기에 대해 공지하고 마무리하기

〈활동지 4-1〉

즐거운 상상하기

20년 뒤의 나의 모습, 내가 커서 하고 싶은 것, 전문적으로 하고 싶은 일은 무엇인지 등등 즐거운 상상을 해본다.

☻ 20년 뒤의 나는 무엇을 하고 있을까?

☻ 내가 커서 무엇을 하고 싶을까?

☻ 미래에 전문적으로 하고 싶은 것은 무엇인가?

옆의 친구와 Q&A를 하면서 서로 이야기 나눈다.

〈활동지 4-2〉

인터넷 사용에 대한 나의 선택

인터넷 사용에 대해 어떤 것을 선택할 것인지 생각해본다.

인터넷을 줄이고 싶다면 이유는?	인터넷을 계속 사용하고 싶다면 이유는?
예시〉 인터넷을 과하게 해서 학업 성적이 떨어지거나 부모님으로부터 야간 맞을 때 정말 패배자같이 느껴져요. 제가 어리석다는 것을 다른 사람들이 알까봐, 또 그렇게 생각할까봐 두렵습니다.	예시〉 인터넷에는 항상 나와 같은 사람들을 만날 수 있어요. 종종 나와 정말 똑같은 사람들을 만나 위로가 되요. 정말 재미있어요. 특히 나는 긴박감을 좋아하는데 게임에서 이길 것 같은 느낌이 정말 좋아요 나에게 고민을 주는 다양한 문제를 잊어버릴 수 있어요. 특히 집에서 무슨 일이 일어나는지 잊을 수 있어요.

〈활동지 4-3〉

인터넷 사용에 대해 고민

인터넷 사용이 지속될 경우 나타날 수 있는 문제를 생각해봅시다.

인터넷 사용에 대한 문제	
인터넷 사용 대신 할 수 있는 것	
인터넷 사용이 지속될 경우 나타날 수 있는 문제점	

제5회기 변화하는 내 모습

활동개요

목표	불일치감을 증가시킴으로 변화대화를 유도한다.	
준비물	활동지, 필기도구	
주요내용	도입	• 프로그램 참가자들과 즐겁게 인사나누기 • 어제 하루일과에 대해 둘씩 짝을 지어 이야기하기 • 지난 회기에 대한 점검 및 숙제확인하기
	전개	• 이번 회기 설명하기 • 나를 약하게 만드는 생각 파악하기 • 부정적인 생각 찾기 • 긍정적인 사고로 전환
	마무리	• 프로그램 내용을 요약 · 정리하기 • 느낌나누기 • 다음 회기에 대해 공지하고 마무리하기

활동내용

도입

① 프로그램 참가자와 즐겁게 인사나누기

② 어제 하루일과에 대해 둘씩 짝을 지어 이야기하기

③ 지난 회기에 대한 점검 및 숙제확인하기

전개

① 이번 회기 설명하기

5회기에는 나를 약하게 만드는 부분은 어떤 것이 있을까요? 부정적인 생각은 무엇일까요? 인터넷/스마트폰 속에서 나의 부정적이고 나약해지는 점들을 발견해보고 긍정적인 사고로 전환할 수 있는 시간을 가져봅시다.

② 나를 약하게 만드는 생각 파악하기

③ 부정적인 생각들을 찾기

④ 변화를 위한 긍정적인 사고로 변화하기

: 긍정적인 사고로 생각전환하기

: 약속을 지키면서 떠오르는 생각을 기록한다.

마무리

① 진행자는 프로그램 내용을 요약 · 정리하기

② 소감나누기 : 좋았던 점, 도움이 된 점, 아쉬운 점. 앞으로 하고 싶은 점 등을 참가자들과 나눈다.

③ 다음 회기에 대해 공지하고 마무리하기

〈활동지 5-1〉

나의 생각 정리하기

자신의 문제행동에 영향을 가장 크게 미치는 것을 우선순위에 따라 나열하시오.

1.

2.

3.

4.

제6회기 사고 전환 그리고 변화

활동개요

구분		내용
목표		인터넷 사용과 관련한 사고 및 행동 변화를 통해 실천의 폭을 확대한다.
준비물		활동지, 필기도구
주요내용	도입	• 프로그램 참가자들과 즐겁게 인사나누기 • 어제 하루일과에 대해 둘씩 짝을 지어 이야기하기 • 지난 회기에 대한 점검 및 숙제확인하기
	전개	• 이번 회기 설명하기 • 변화단계설명하기 • 변화를 위한 생각 전환하기를 계획하기 • 변화를 위한 행동 바꾸기를 계획하기
	마무리	• 프로그램 내용을 요약 · 정리하기 • 느낌나누기 • 다음 회기에 대해 공지하고 마무리하기

활동내용

도입

① 프로그램 참가자와 즐겁게 인사나누기

② 어제 하루일과에 대해 둘씩 짝을 지어 이야기하기

③ 지난 회기에 대한 점검 및 숙제확인하기

전개

① 이번 회기 설명하기

변화는 생각을 바꾸면서 시작됩니다. 바뀐 생각으로 행동이 달라집니다. 무엇이든 한번에 되는 것은 없습니다. 찬찬히 대안활동을 언제할지, 이것을 지켰을 때 상, 지키지 못했을 때 벌 등을 구체적으로 계획해봅시다.

② 변화단계 설명하기

: 참가자가 변화의 의지를 가질 수 있도록 변화단계를 설명한다.

③ 변화를 위한 생각 전환하기를 계획하기

④ 변화를 위한 행동 바꾸기를 계획하기

: 생각전환, 행동변화 계획을 일주일동안 실천한다.

: 약속을 지키면서 떠오르는 생각을 기록한다.

마무리

① 진행자는 프로그램 내용을 요약 · 정리하기

② 소감나누기 : 좋았던 점, 도움이 된 점, 아쉬운 점. 앞으로 하고 싶은 점 등을 참가자들과 나눈다.

③ 다음 회기에 대해 공지하고 마무리하기

〈활동지 6-1〉

개선되어야 할 점

● 당신이 개선되어야 할 점들을 만들어 나갈 때 당신은 어떤 느낌이 들었는지 문장으로 표현해보세요.

● 3~6개월 후에 자신이 개선되거나 변화될 희망을 설명해보세요.

제7회기 반가워 친구들아

활동개요

구분		내용
목표		• 자신의 가치에 대해 안다. • 우선 가치와 인터넷 사용의 일치를 위한 실천방안을 모색한다.
준비물		활동지, 필기도구
주요내용	도입	• 프로그램 참가자들과 즐겁게 인사나누기 • 어제 하루일과에 대해 둘씩 짝을 지어 이야기하기 • 지난 회기에 대한 점검 및 숙제확인하기
	전개	• 이번 회기 설명하기 • 가치 이해하기 • 나의 가치 찾아보기 • 과제제안하기
	마무리	• 프로그램 내용을 요약 · 정리하기 • 느낌나누기 • 다음 회기에 대해 공지하고 마무리하기

활동내용

도입

① 프로그램 참가자와 즐겁게 인사나누기

② 어제 하루일과에 대해 둘씩 짝을 지어 이야기하기

③ 지난 회기에 대한 점검하기

전개

① 이번 회기 설명하기

누구에게나 인생의 중요한 가치가 있습니다. 가치는 옳고 그른 것이 아니고 시간이 지나며 바뀔 수 있고 사람에 따라 우선순위가 다를 수 있지요. 하지만 일상생활에서 가치와 행동 사이에 불일치가 생길 수도 있습니다. 불일치는 가치와 결정 사이의 갈등입니다. 갈등을 해결하기 위해서는 가치와 일치된 결정을 해야 합니다. 그래야 가치에 따른 사고의 전환과 행동을 계획할 수 있습니다.
그렇기 때문에 가장 중요한 것은 나의 가치를 찾는 것이지요. 자, 활동 한 가지를 해 봅시다. 가치목록에서 중요하다고 생각하는 가치를 표시하고, 그 중 상위 6가지 가치를 선택합니다. 그 선택한 가치를 각각 정의해봅시다. 혹시 인터넷 중독이 가치에 영향을 미쳤습니까? 가치 중 인터넷 중독 행동에 영향을 준 것이 있습ㄴ까? 여러분의 생각을 함께 이야기해봅시다.

② 가치이해하기

: 진행자는 가치가 무엇인지에 대한 질문을 한다.

: 가치의 개념에 대해 설명한다.

가치는 옳고 그름이 아니며, 시간이 지나면서 바뀔 수 있다. 우리가 성장하면서 배운 핵심 가치, 삶의 경험을 통해 선택한 가치, 여전히 이루고자 하는 가치가 있음을 설명한다.

③ 가치와 행동불일치 알기

: 가치와 행동 사이 불일치 개념에 대해 설명한다. 예를 들어, 한사람이 자주 출장을 가야 하는 직업을 제의받았다. 그 사람의 첫 번째 가치는 가족인데, 이를 고려하지 않고 직업을 선택하였다. 이 사람이 결정의 결과에 대해 어떻게 느낄 것인가. 불일치는 한 사람의 가치와 결정 사이의 갈등이다. 무엇이 이 사람을 위한 일치된 결정이 될 것인지에 대해 활동한다.

: 참가자의 가치와 행동 불일치 활동을 한다. 이때 감정이 상처를 입을 수 있다는 것을 환기 시켜야 하며, 안전을 보장해야 한다. 안전은 개개인이 표현하는 것에 대

해 논쟁하면 안되고 인정하는 것이다.

④ 나의 가치 찾아보기

: 자신의 가치를 찾아보는 활동을 한다. 먼저 가치목록표에서 자신이 중요하게 생각하는 가치 10가지를 찾는다. 다음 단계에서 10가지 가치 중 6가지 가치를 정하도록 한다. 모든 사람이 가치를 찾은 것을 확인한 다음 6가지 중에서 3가지 가치를 선택하도록 한다.

: 돌아가면서 작성한 3가지 가치가 무엇인지를 발표하고, 이것이 인터넷 중독 행동과의 관련성을 생각해보게 한다.

: 참가자에게 인터넷 중독과 가치의 차이에 대해 불편할 수 있음을 설명한다. 그리고 이러한 불편함은 자신의 가치와 인터넷 중독 행동이 일치하지 않은 것이 원인임을 설명한다. 그러므로 가치와 행동을 일치하는 것이 중요한 것임을 강조한다.

⑤ 과제 제안하기

: 가치 목록 표에서 찾은 자신의 가치 3가지와 일치된 행동을 실천한다.

마무리

① 진행자는 프로그램 내용을 요약 · 정리하기

② 소감나누기 : 좋았던 점, 도움이 된 점, 아쉬운 점. 앞으로 하고 싶은 점 등을 참가자들과 나눈다.

③ 다음 회기에 대해 공지하고 마무리하기

〈활동지 7-1〉

나의 가치와 인터넷 중독 행동 생각해보기

나의 가치	나의 가치와 인터넷 중독 행동과의 관련성 생각해보기

〈활동지 7-2〉

가치목록표

다음의 가치를 보고 자신과 일치하는 가치를 찾아봅시다.

가족	책임	권위
도전	도전	종교
소통	경제적 안정	사랑
인내	인정	부부
창의	완벽	평화
건강	효율	공정
명예	지혜	유머
신속	현명	융통성
자율	자존심	목표
충성	신뢰	정직
관용	예술	평화
권위	헌신	완벽
봉사	단순	성장
역량	가족	도덕
소통	성취	

제8회기 계획은 변화의 첫걸음!

활동개요

구분		내용
목표		• 자신의 인터넷 사용패턴 이해한다. • 인터넷 사용 감소를 위한 계획을 세워보고 실천해본다.
준비물		활동지, 필기도구
주요내용	도입	• 프로그램 참가자들과 즐겁게 인사나누기 • 어제 하루일과에 대해 둘씩 짝을 지어 이야기하기 • 지난 회기에 대한 점검 및 숙제확인하기
	전개	• 이번 회기 설명하기 • 인터넷 패턴 탐색을 위한 게임하기 • 변화단계 설명하기 • 과제 제안하기
	마무리	• 프로그램 내용을 요약 · 정리하기 • 느낌나누기 • 다음 회기에 대해 공지하고 마무리하기

활동내용

도입

① 프로그램 참가자들과 즐겁게 인사나누기

② 어제 하루일과에 대해 둘씩 짝을 지어 이야기하기

③ 지난 회기에 대한 점검 및 숙제확인하기

전개

① 이번 회기 설명하기

> 원하는 변화는 하루아침에 일어나지 않습니다. 변화는 노력을 통해 이루어지기 때문에 변화단계를 알고 실천할 수 있어야 합니다. 인터넷 사용 역시 노력으로 행동변화가 생깁니다. 그 시작이 계획입니다. 우리 각자는 나의 인터넷 사용정도를 알고 만약 원하는 변화가 있다면, 행동변화 계획을 세울 수 있어야 합니다.

② 인터넷 패턴 탐색을 위한 게임하기

③ 변화단계 설명하기

: 참가자가 변화의 의지를 가질 수 있도록 변화단계를 설명한다.

: 인터넷 사용 행동변화를 위한 계획을 세운다.

: 세운 계획을 발표하고 실천을 다짐한다.

④ 과제제안하기

: 행동변화 계획을 일주일동안 실천한다.

: 약속을 지키면서 떠오르는 생각을 기록한다.

마무리

① 진행자는 프로그램 내용을 요약 · 정리하기

② 소감나누기 : 좋았던 점, 도움이 된 점, 아쉬운 점. 앞으로 하고 싶은 점 등을 참가자들과 나눈다.

③ 다음 회기에 대해 공지하고 마무리하기

〈활동지 8-1〉

나의 인터넷사용 패턴 점검

★ 주로 사용하는 목적 :

★ 주로 사용하는 장소 :

★ 주로 사용하는 사이트 :

★ 주로 사용하는 시간

〈활동지 8-2〉

인터넷 사용 행동변화를 위한 계획서

언제 날짜, 횟수, 시간 등	
어디에서 장소	
무엇을 & 어떻게 인터넷 사용을 조절하기 위한 전략	
보상은? 행동을 강화할 수 있는 보상	

〈활동지 8-3〉

변화를 위한 생각 전환하기를 계획하기

상황	부정적 생각	부정적 행동/정서	긍정적 생각	대안적 행동
인터넷 사용 장소를 바꿔보려고 했지만 안 되었다.				
인터넷 사용 시간을 줄여보려고 했지만 안 되었다.				

〈활동지 8-4〉

변화를 위한 행동 바꾸기 계획하기

	계획	월 일	월 일
시작하는 시간			
마치는 시간			
대체행동			
지켰을 경우 나에게 주는 상			
어겼을 경우 나에게 주는 벌			

제9회기 우린 달라졌어요

활동개요

목표	• 변화의 방해요인을 찾고 수정한다. • 변화된 자신을 칭찬한다.	
준비물	활동지, 필기도구	
주요내용	도입	• 프로그램 참가자들과 즐겁게 인사나누기 • 어제 하루일과에 대해 둘씩 짝을 지어 이야기하기 • 지난 회기에 대한 점검 및 숙제확인하기
	전개	• 변화 중에서 방해요인을 찾고 수정하기 • 변화된 자신을 칭찬하기
	마무리	• 프로그램 내용을 요약 · 정리하기 • 느낌나누기 • 다음 회기에 대해 공지하고 마무리하기

활동내용

도입

① 프로그램 참가자와 즐겁게 인사나누기

② 어제 하루 일과에 대해 둘씩 짝을 지어 이야기하기

③ 지난 회기에 대한 점검 및 숙제 확인하기

전개

① 변화 중에서 방해요인을 찾고 수정한다.

> 나는 어떤 것들을 중요하게 생각하는지, 내가 어떤 장점을 가지고 있고, 나중에 어떤 사람으로 기억되고 싶은지에 대해서 생각해보았으면 좋겠어요. 이러한 사람으로 변화하고 있는 중에 방해요인은 어떤 것들이 있는지? 어떻게 수정해서 나아가야 할지에 대해서 이야기해볼 거예요.

② 변화된 자신을 칭찬하기

마무리

① 진행자는 프로그램 내용을 요약 · 정리하기

② 소감나누기 : 좋았던 점, 도움이 된 점, 아쉬운 점, 앞으로 하고 싶은 점 등을 참가자들과 나눈다.

③ 다음 회기에 대해 공지하고 마무리하기

제10회기 변화된 나, 또 다른 시작

활동개요

목표	• 행동변화를 선택하고 실천함으로 얻은 자신감을 유지한다. • 인터넷 사용에 관한 자율성을 갖는다.	
준비물	칼라점토, 활동지, 사후검사지, 필기도구	
주요내용	도입	• 프로그램 참가자들과 즐겁게 인사나누기 • 어제 하루일과에 대해 둘씩 짝을 지어 이야기하기 • 지난 회기에 대한 점검 및 숙제확인하기
	전개	• 마지막 회기 설명하기 • 상징물 만들기 • 프로그램 정리하기 • 전체소감 나누기
	마무리	• 사후검사하기 • 진행자는 프로그램 전체내용을 요약 · 정리하기 • 마지막 인사하기

활동내용

도입

① 프로그램 참가자와 즐겁게 인사나누기

② 어제 하루일과에 대해 둘씩 짝을 지어 이야기하기

③ 지난 회기에 대한 점검 및 숙제확인하기

전개

① 마지막 회기 설명하기

> 변화는 한걸음부터 시작합니다. 항상 기억하고 실천하는 것이 중요하지요. 프로그램이 끝나도 전환된 사고와 행동으로 인터넷 사용을 건강하게 할 수 있어야 합니다. 왜냐하면 변화의 결과는 또 다른 변화의 동기가 될 수 있기 때문입니다. 그동안의 수고를 함께 나누며 격려합시다.

② 상징물 만들기

: 칼라점토로 건강한 인터넷 사용행동 실천의지를 만든다.

: 작품에 대해 발표한다.

③ 프로그램 정리하기

: 이전 과제에 대한 비전을 발표한다.

: 이전 실천 활동지를 보며 자신이 변화하고 있는 점, 변화의 필요성 등을 이야기한다.

④ 전체소감 나누기

: 프로그램 과정에 대한 소감을 나누고 서로 격려하는 시간을 갖는다.

마무리

① 사후검사하기

② 진행자는 프로그램 전체내용을 요약 · 정리하기

③ 마지막 인사하기

3) 동기강화 집단 프로그램 적용

인터넷 중독 중고등학생을 대상으로 동기강화 프로그램을 실시한 연구들은 다수 발표되고 있다. 이론에서 제시하고 있는 전숙고, 숙고, 준비, 실행, 유지단계에 맞추어 6-8회기로 구성하여 진행하였다. 대상의 특성에 맞추어 단계별 회기를 2-3회기로 구성하였고 회기별 시간은 60분을 기준으로 90분까지 진행한 연구가 다수이다. <표 4-4>는 대표되는 선행연구들을 공통적 요소 중심으로 정리하였다.

중고등학생을 대상으로 동기강화이론에 기반하여 프로그램을 수행할 때 다음과 같은 사항에 유의할 필요가 있다.

첫째, 동기강화 집단 프로그램은 대상에게 진단 붙이기를 선호하지 않는다. 인터넷 중독' 꼬리표의 수용은 변화가 일어나는데 필수적이지 않은 것으로 간주한다. 인터넷에 대한 무기력함과 무능력보다는 변화(자기-효율성)의 가능성을 강조해야 한다. 많은 실천가가 대상자가 변화되지 않는 이유를 '동기결여','비협조'라고 하였다. 하지만 동기강화이론에 기반한 실천가는 대상자의 변화 동기를 유발하는 것이 중요한 역할임을 분명히 해야 한다. 사실 변화동기는 치료를 거부하거나 치료에 저항하는 대상자라 하더라도 이미 존재하는 것이기 때문에 그것들을 불러 이끌어내는 일이라는 생각을 바탕으로 해야 한다. 대상자가 고통을 당할 때 문제는 변화의 동기 부족 때문이 아니라 변화에 대한 양가감정 때문이다. 그러므로 이 양가감정에 대해 실천가가 충분히 인식하고 함께 다루어나가는 것이 중요하다. 둘째, 직접적인 대처기술 훈련이 특별히 동기강화 치료적 접근에는 없으므로, "어떻게 하나."로 변화의 방식을 말하지 말아야 한다. 단지 상담자는 동기를 부여하고 변화가 어떻게 생길 수 있는가에 관한 생각들을 끌어내면 된다. 기성세대에 대한 반감과 저항이 높은 청소년을 대상으로 학교에서 강제된 셋팅에서 집단 프로그램을 실시할 경우 동기강화면담이 더욱 유용해지는 것이다. 사실 변화하도록 외적에서 압박한다면 오히려 변화하려는 욕구는 역설적으로 감소한다. 선행연구(Miller et al, 1993)에 따르면 청소년은 자신의 자유에 위협을 느끼면 그 위협을 피하려고 하는 반응이 일어나게 된다. 따라서 실천가가 지시적이기보다는 지지적일 때 이런 반응이 일어날 확률이 낮고 변화가 일어날 확률은 커진다.

〈표 4-4〉 선행연구의 동기강화 집단 프로그램 예시

정명희(2006)	박준영(2016)	신성만 외(2015)
• 오리엔테이션 • 친밀감을 형성 • 인터넷 사용에 관한 문제제기	• 인터넷과 스마트폰이 삶에 미치는 영향 파악하기 • 변화단계를 통한 자기 이해하기	'변화하는 내 모습' • 인터넷 중독에 대한 현재 자신의 변화단계 인식 • 집단 규칙 정하기 • 변화단계를 이해
• 변화를 위한 자신감 확인 • 긍정적인 언어로 표현하기 • 변화자원을 찾기	• 인터넷과 스마트폰 중독의 폐해 이해하기 • 인터넷과 스마트폰 사용의 이득과 손실 알아보기	'변화가 필요해' • 변화 필요성 인식 • 변화 동기 유발 • 변화 동기 인식 및 표현
• 양가감정 표현 • 과거와 미래의 모습에 대한 인식 확대	• 정서조절 기술 익히기	'행복의 무게달기' • 변화에 대한 양가감정 인식 • 이득과 손실을 확인
• 현실유지의 손해와 변화이득 살펴보기 • 불일치감을 발달시키고 변화대화 이끌기 • 대안 탐색	• 다른 사람의 긍정적인 부분을 인식하고 표현, 공감하기	'풍성한 나의 삶' • 변화에 따른 자신의 모습확인 • 자신의 변화에 대한 효능감 강화 • 실천 가능성이 높은 대안활동계획
• 자신의 인터넷 사용 패턴이해 • 인터넷사용을 줄이기 위해 계획 수립 • 스스로 과제를 정하고 실천	• 자신이 소중하게 생각하는 가치관이나 원하는 것을 살펴보게 하기 • 현재 자신의 모습과 불일치함을 일으켜 변화 동기를 강화하기	'나는 어떤 스타일' • 인터넷 중독으로 인한 자신의 가치에 대한 불일치를 통한 변화에 대한 열망 강화 • 자신의 삶을 위한 긍정적인 가치 발견
• 인터넷 사용과 관련된 자동적 사고 파악 • 생각 바꾸기를 통해 긍정적인 생각으로 전환 • 행동에 대한 긍정적 변화파악 • 성취에 대하여 격려함으로 자기 효능감 강화 • 스스로 행동변화에 따른 자신감 유지	• 자신이 소중하게 생각하는 가치관과 관련 있는 활동을 무엇인지 찾아보고 실천 계획을 세운다.	'Bravo my life~!' • 자신이 추구하는 가치와 대안 활동에 한 구체적인 계획이 기재된 약속문을 발표 • 인터넷 중독에 대한 변화의 가능성을 강화 • 변화와 성장을 지속하기 위해 또래 자조 집단의 필요성 인식 • 인터넷 중독을 조절 동기 및 변

정명희(2006)	박준영(2016)	신성만 외(2015)
• 인터넷 사용에 관한 자율성 획득 • 인터넷세상의 주인공으로서 자부심 강화		화에 대한 긍정적 마음 강화

부록

부록

1. 스마트폰 중독 초등학생을 위한 개입프로그램 메타분석[1]

1) 분석대상

국내에서 출간된 청소년 스마트폰 집단상담 프로그램의 연구를 메타분석에 활용하기 위하여 연구의 포함조건과 제외조건을 선정하였다. 본 연구의 분석대상이 된 논문을 선정한 구체적 기준과 제외 기준은 체계적으로 메타분석 대상 문헌을 선정하기 위한 PICOS(Participants, Intervention, Comparison Outcome, Study designs) 기준에 의거하여 연구 논문을 검색하였다다(김혜온, 김성혜 2005; 김은영, 2007). 분석대상자(P)는 아동복지법 2조 1항 학령기 아동 보호 및 교육지원기본법에 의거해 만 6세-12세 미만의 초등학생을 스마트폰 중독 집단상담 프로그램의 연구 대상으로 한다.

분석대상 연구의 개입방법은 스마트폰 중독 감소를 위한 집단 프로그램으로 초등학생 대상으로 실시한 상담프로그램을 포함하였다. 본 연구에서는 인터넷, 컴퓨터, 스마트폰을 모두 동일한 의미에서 사용되고 있으므로 동일한 범주로 포함하였다. 다만 스마트폰 중독을 포괄적으로 다루는 척도를 사용하지 않고 게임이나 SNS 중독과 같이 일부 콘텐츠만을 한정하여 프로그램을 실행한 연구는 제외하였다. 또한 예방프로그램은 제외시켰으며 평균, 표준편차, 표본수가 제시된 연구와 효과부분에서 부모나 교사 등 함께 제공하였을 경우, 그 효과를 따로 보고한 논문은 포함하였다.

---

1) 정송화, 이경은, 김미정(2019). 스마트폰 중독 초등학생을 위한 개입프로그램 메타분석. 한국산학기술학회논문지, 20(2), 144-152.

비교집단(C)은 연구대상자 집단 중 무선배정으로 치료 프로그램을 처치 받은 집단을 실험집단, 프로그램을 처치 받지 않은 집단을 통제집단으로 설정하였다. 연구결과(O)는 스마트폰 중독 수준의 감소 또는 증가와 같은 변화를 보고한 연구를 포함하였으나, 중독 위험군을 대상으로 할뿐, 중독에 감소효과에 대한 결과를 포함하고 있지 않는 연구는 대상군에서 제외하였다. 특히 활용한 척도는 '인터넷 중독', '컴퓨터중독', '스마트폰중독'을 측정하는 도구를 활용하였는지 검토한 후 대상으로 선정하였다.

연구 설계유형(S)은 실험 연구 또는 유사 실험연구로서 통제집단이 있으며, 집단의 측정이 사전과 사후에 이루어진 연구를 포함하였고, 통제 집단이 없는 단일사례 설계나 계량적으로 측정할 수 없는 질적 연구방법은 대상에서 제외하였다.

2) 분석과정

국내의 석·박사학위논문, 학술지 논문 및 학술 자료집의 논문들을 모두 포함하였다. 분석대상에 적합한 논문을 수집하기 위한 문헌선정과정 다음과 같다. 첫째, 문헌발견은 2000년부터 2018년까지 국내에서 발표된 스마트폰 중독 집단상담 프로그램을 적용한 석·박사 학위 논문 및 학술지 논문이다. 검색기간은 2018년 1-8월 약 7개월 동안 온라인 데이터베이스를 통하여 스마트폰 중독에 관하여 발표된 학술지와 학위논문(석·박사)을 검색하였다. 검색에 활용된 온라인 데이터베이스는 총 3곳으로 학술연구정보서비스(Riss), 학술데이터베이스서비스(Dipia), 한국학술정보원(KISS)이었다. 검색키워드는 '인터넷 중독, 스마트폰 중독, 컴퓨터 중독, 집단, 상담, 프로그램, 아동, 초등학생' 등 8개의 주요 검색어를 조합하여 자료를 수집하였다. 둘째, 문헌 선별과 선정기준은 (1) 학위 논문이 학술 논문으로 발표된 경우에는 학술 논문만을 분석대상에 포함시켰으나, 충분한 내용을 확인 할 수 없는 경우에는 학위 논문의 내용을 확인하여 선택하였다. (2) 데이터베이스의 차이로 연구명과 연도, 저자의 이름이 동일한 논문이 목록에 여러 개 등록된 경우에는 한 개만 포함시켰고, 중복된 논문을 제외하여 총 138편을 선별하였다. (3) 본 연구의 대상인 초등학생에 대한 자료로 한정하였다. (4) 인터넷 중독과 스마트폰 중독, 컴퓨터 중독, 휴대전화 중독 등으로 집단상담 프로그램을 개발하였다고 하더라도 예방과 치유의 두 가지 속성으로 분류하여 치유에 초점을 둔 프로그램으로 한정하였다. 특히 이 과정에서는 중독에 대한 개념규정을 고려하여, 각 프로그램에서 중독 정도를 스크리닝하기 위해 사용한 척도를 중점적으로 살펴보았다. 척도에 따라 중독에 대한 개념과 정도 등이 상이하여 본 연구에서는 공식적으로 활용되고 있는 한국정보화진흥원에서 개발한 스마트폰 중독 척도를 활용한 논문으로 제한하였다. 따라서 본 연구에서 선별한 연구는 총 18편이었다.

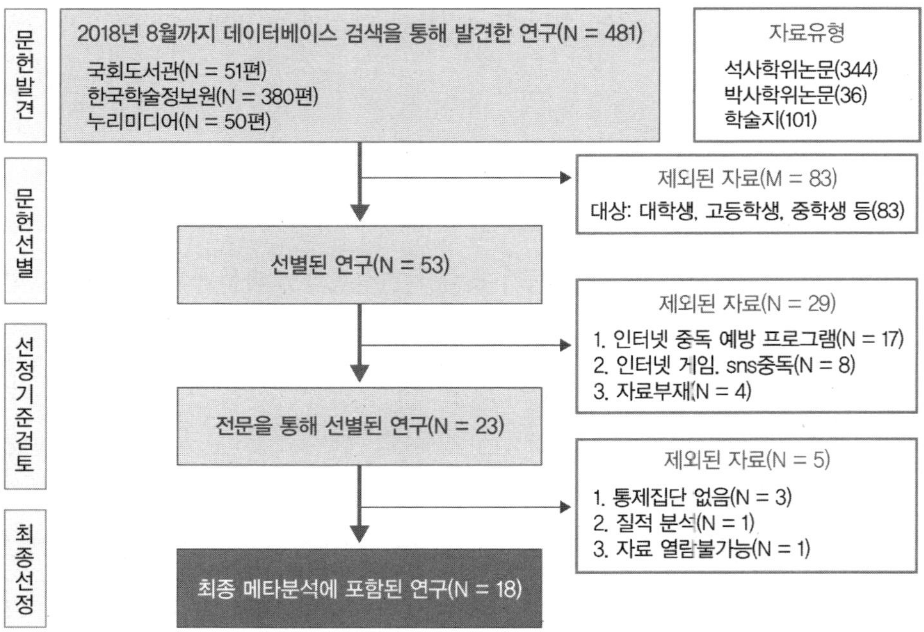

[그림 1-1] 자료수집과정 및 선정과정

코딩매뉴얼은 개별 연구들의 기본적인 정보(저자, 출판유형, 발표년도)와, 연구대상 성별, 실험집단, 통제집단 인원수, 집단크기, 프로그램 회기 수, 주당회기 수, 회당소요 시간, 실험집단의 사후검사 평균, 표준편차, 통제집단의 사후검사 평균, 표준편차, 이론적 배경, 참여 동기, 중독수준 등이다.

효과크기의 통계적 이질성(heterogeneity)을 평가하기 위해 forest plot을 통해 시각적으로 살펴보고 이질성이 큰 경우 추가적인 설명을 위해 연구 수준의 특성, 즉 조절변수의 속성에 따라 메타회귀분석을 활용하여 연구 결과의 타당성을 검증하였다. 효과크기는 종합적 메타분석을 통해 효과크기를 검증하고 효과크기가 큰 프로그램의 특성을 정리하였다.

3) 분석결과

(1) 인터넷, 스마트폰, 컴퓨터 중독에 대한 효과크기

본 연구의 분석에 포함된 논문은 2002년부터 2018년도까지 국내에서 초등학생 대상으로 스마트폰 중독 집단상담 프로그램을 실시한 총 18편 연구로 학회지 논문 3편, 석사학위논문 15편이었다. 연구물의 발행 시기는 2002년-2006년까지 8편, 2007년-2011년까지 7편, 2012년-2015년까지 3편이었다.

〈표 1-1〉 초등학생 집단 프로그램 선정된 연구의 일반적 특성

	연구자	연도	유형	성별	집단특성	프로그램 유형	실험/통제	실험처지 집단			척도
								횟수	시간	빈도	
1	전소영. 오승진	2015	학술지	혼성	잠재적 위험군	통합	12/12	10회이상	60분이상	2회	스마트폰 중독진단
2	강대철	2007	석사 논문	혼성	위험	인지행동	15/15	10회미만	60분미만	2회 이상	인터넷 과다사용
3	권성열	2006	석사 논문	혼성	위험	현실요법	10/10	10회미만	60분이상	1회	인터넷 중독자가진단
4	권현주	2007	석사 논문	혼성	위험	인지행동	10/10	10회이상	60분미만	1회	인터넷 중독자가진단
5	고수연	2002	석사 논문	혼성	위험	미제시	10/10	10회이상	60분미만	1회	인터넷 중독자가진단
6	김경희	2008	석사 논문	혼성	위험	인지행동	10/10	10회이상	60분미만	2회	인터넷 중독자가진단

	연구자	연도	유형	성별	집단특성	프로그램 유형	실험/통제	실험처치 집단			척도
								횟수	시간	빈도	
7	김은영	2007	석사논문	혼성	위험	미제시	8/8	10회미만	60분미만	2회	인터넷 중독자가진단
8	김혜온, 김성혜	2006	학술지	혼성	잠재적, 고위험군	현실요법	17/17	10회미만	60분이상	2회	인터넷 중독자가진단
9	문리학	2008	석사논문	기타	잠재적, 고위험군	통합	7/7	10회이상	60분미만	1회	인터넷 중독자가검사
10	박건숙	2011	석사논문	혼성	잠재적, 고위험군	통합	8/8	10회이상	미제시	2회	인터넷 중독자가검사
11	박영화	2009	석사논문	혼성	위험	미제시	8/8	10회미만	60분미만	1회 이상	인터넷 과다사용
12	배새봄	2004	석사논문	혼성	잠재적, 고위험군	통합	9/8	10회이상	60분이상	미제시	인터넷 중독자가검사
13	신향숙	2005	석사논문	혼성	위험	인지행동	20/20	10회이상	60분미만	1회	인터넷 중독자가검사
14	이임숙	2004	석사논문	기타	위험	미제시	15/15	10회이상	60분미만	1회	인터넷 중독검사
15	이주영	2002	석사논문	혼성	잠재적, 고위험군	통합	10/10	10회미만	60분미만	1회	컴퓨터중독
16	정민	2012	학술지	기타	잠재적, 고위험군	통합	11/10	10회미만	60분이상	3회	인터넷 중독
17	차은선	2011	석사논문	기타	잠재적, 고위험군	통합	7/10	10회이상	미제시	3회	인터넷 중독
18	이경숙, 정석진, 김명식, 서보경	2013	학술지	혼성	위험	기타	24/22	10회미만	60분미만	2회	인터넷 중독

종속변수 인터넷, 스마트폰, 컴퓨터 중독 정도를 측정한 분석대상 논문의 효과크기는 [그림 1-2]와 같다. 사용한 연구의 대상 수가 일정하지 않아 표준화된 평균효과크기(standardized mean difference)인 Hedges'g를 산출하였으며, 95% 신뢰수준(CI)을 계산하였다. 그리고 평균 효과크기는 연구방법, 표본, 개입방법 등이 대상 연구에서 서로

상이한 점을 인정하여 무선효과(random-effects moder)를 적용하여 산출하였다. 실험집단이 스마트폰 중독 정도가 통제집단보다 통계적으로 유의하게 감소하였고 큰 효과크기를 나타냈다.

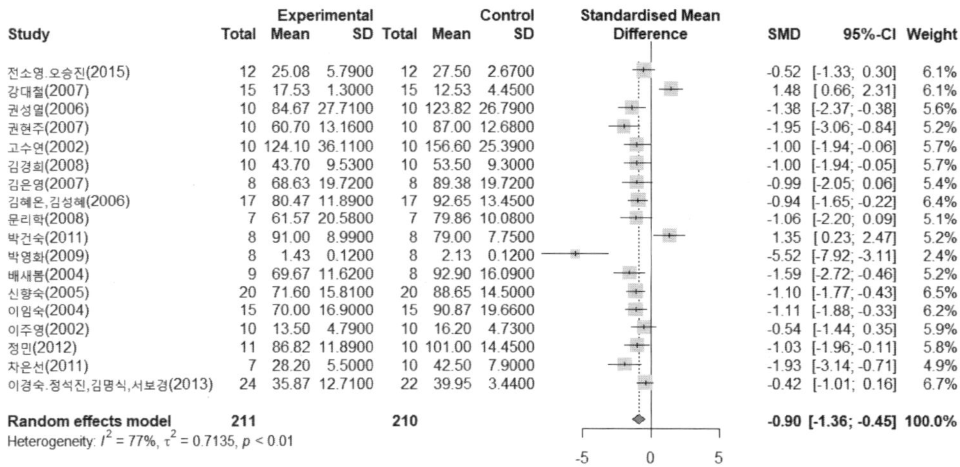

[그림 1-2] 선정된 연구별 효과크기 대한 fores Plot

(2) 출판편향분석

본 연구의 대상논문의 편의정도를 확인하고 개별연구가 연구결과를 대표하는지 알아보기 위하여 출판편향분석을 실시한 결과 [그림 1-3]과 같이 나타났다. 좌우 대칭형이 완전히 이루어지지 않은 것으로 보여 출판편향이 의심되어 비대칭을 통계적으로 검증하기 위하여 추가로 개별연구의 효과크기와 표준오차의 관계를 회귀식으로 분석한 결과 Egger의 회귀분석 P-valuer=0.1384로 통계적으로 유의하지 않아 출판 편향이 없었다.

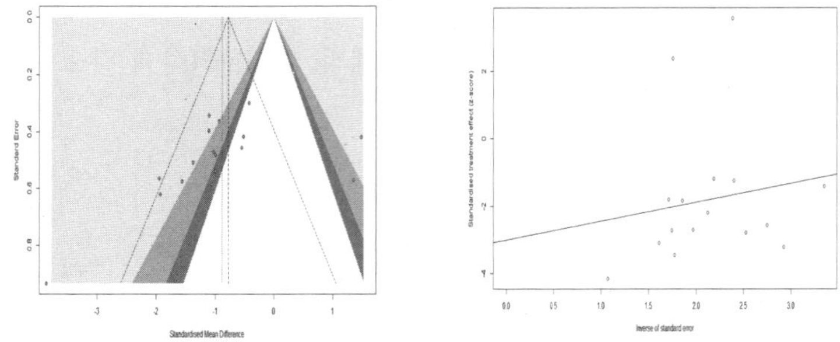

(a) (b)

[그림 1-3] 인터넷 중독 집단상담 프로그램 데이터의 출간 오류분석

〈표 1-2〉와 같이 통계적 검증을 실시한 결과 Q값은 69.97, 유의확률은 0.001보다 낮은 것으로 나타났으며, 실제분산 비율(I2)의 값은 75.7% 로 나타났다. 따라서 초등학생 스마트폰 중독 집단 상담프로그램의 효과크기 분포는 높은 이질성을 보인다는 것이 통계적으로 확인되었다.

〈표 1-2〉 효과크기 간의 이질성 검증

model	k	Q	df	P	tau^2	I^2
Random	18	69.97	17	0.0001	0.6592	75.7%

(3) 스마트폰 중독 감소에 대한 하위집단 분석

각 변인들에 따라 중독 감소에 미치는 효과에 차이가 있는지, 이에 영향을 주는 배경을 탐색하기 위해 조절효과분석을 메타 ANOVA로 실시하였다. 실시의 여부를 검증한 결과는 〈표 1-3〉과 같이 스마트폰 중독 감소효과를 유발하는 참여 동기별 효과크기는 프로그램을 자발적으로 참여한 집단이(ESg=-1.42) 가장 높게 나타났고, 이어서 비자발(ESg=-1.13), 미제시(ESg=-0.22) 순이다. 결과 통계적으로도 유의하게 나타났다(Q=5.96 df=2 p=0.05). 하지만 성별특성, 집단크기, 주당회기수, 전체회기수, 회기당 소요시간,

대상의 중독 수준, 프로그램 기반 이론의 종류에 따라서는 효과크기의 차이가 통계적으로 유의하지 않았다. 따라서 초등학생을 대상으로 집단 프로그램을 실시할 경우, 동기화 되어있는 집단과 그렇지 않은 집단에 대해 차별화된 접근이 매우 중요함을 알 수 있다. 그리고 그 외의 프로그램의 특성은 대상과 상황에 맞추어 집단 실천가가 선택으로 고려하는 것이 좋다.

〈표 1-3〉 인터넷 중독 감소에 대한 효과크기

구분		k	ES (g)	95% Confidence interval		Q	tau^2	I^2
				Lower	Upper			
성별	기타	4	-1.20	-1.69	-0.72	1.61	0	0.0
	혼성	13	-0.81	-1.37	-0.25	68.42	0.87	81.0
집단크기	14~17	6	-1.25	-2.45	-0.04	29.63	1.84	83.1
	20~34	9	-0.73	-1.36	0.10	35.75	0.71	77.6
	40~46	3	-0.83	-1.30	-0.36	2.98	0.05	32.8
참여동기	자발	7	-1.42	-2.02	-0.82	14.78	0.37	59.4
	비자발	4	-1.13	-1.66	-0.60	0.72	0	0.0
	미제시	7	-0.22	-0.99	0.53	38.88	0.89	84.6
주당 회기수	3회	3	1.82	-5.32	1.67	42.32	8.90	95.3
	1회	9	-1.14	-1.44	-0.83	4.76	0	0.0
	2회	6	-0.47	-1.04	-0.10	13.93	0.31	64.1
총회기수	10회기	5	-1.17	-1.57	-0.76	2.24	0	0.0
	6~8회기	8	-0.86	-1.67	-0.04	45.56	1.10	84.6
	12~22회기	5	-0.75	-1.74	0.24	20.40	1.02	80.4
회기당 소요시간	60분미만	11	-0.91	-1.51	-0.32	48.40	0.77	79.3
	60분이상	5	-1.00	-1.39	-0.60	2.87	0	0.0
	미제시	2	-0.27	-3.49	2.93	15.13	5.02	93.4

구분		k	ES (g)	95% Confidence interval		Q	tau^2	I^2
				Lower	Upper			
중독수준	잠재적 · 고위험군	10	−1.15	−1.77	−0.52	33.51	0.71	73.1
	잠재적 위험군	2	−0.72	−1.34	−0.10	0.57	0	0.0
	위험군	6	−0.55	−1.36	0.26	30.46	0.85	83.6
이론적 개입방식	미제시	3	−1.74	−3.08	−0.41	8.10	1.00	75.3
	현실치료	2	−1.08	−1.66	−0.50	0.49	0	0.0
	통합적 접근	9	−0.71	−1.22	−0.20	21.46	0.37	62.7
	인지행동치료	4	−0.62	−2.05	0.81	33.17	1.94	91.0
실험통제 인원	10명 미만	6	−1.25	−2.45	−0.04	1.84	1.84	83.1
	10~15명	9	−0.75	−1.39	−0.11	36.44	0.75	78.0
	15명이상	3	−0.78	−1.20	−0.36	2.50	0.02	20.1

2. 인터넷 중독 중고등학생을 위한 집단 프로그램 효과성에 대한 메타분석[2)]

1) 분석대상

국내에서 출간된 중고등 학생 인터넷 집단상담 프로그램에 관한 연구 논문이다. 중고등 학생의 인터넷 중독의 효과를 검증하는데 적합한 연구를 체계적으로 선정하기 위하여 연구의 선정기준과 배제조건은 다음과 같다. 문헌의 선택기준은 첫째, 인터넷 중독 감소를 위한 집단 상담 프로그램으로 중·고등학생에 대한 실시한 교육 및 상담 프로그램으로 출판된 연구, 둘째, 2000년 1월 1일부터 2018년 12월 31일까지 국내 학위

2) 정송화, 이경은, 주소희, 김미정(2019). 인터넷 중독 중고등학생을 위한 집단 프로그램 효과성에 대한 메타분석. 인문사회21, 10(1), 1221-1236.

논문과 학술지에 발표된 연구로 하였으며, 연구에 활용한 척도는 '인터넷 중독', '컴퓨터 중독', '스마트폰 중독'을 측정하는 도구를 활용하였는지 검토하여 본 연구에 포함하였다. 셋째, 연구 설계유형은 실험 연구 또는 유사 실험연구로서 통제집단이 있으며, 집단의 측정이 사전과 사후에 이루어진 연구를 포함하였다. 배제기준은 첫째, 컴퓨터 게임중독, SNS중독은 인터넷 사용 유형 중 일부만을 포함하고 있기에 청소년의 경우 게임과 SNS중독이 성별과 시대에 따라 중독 유형에 따라 차별이 있어 본 연구에서는 제외하였다. 한편, 종속변수인 인터넷 중독 감소를 위한 인터넷 중독 집단상담 프로그램의 효과크기를 살펴보기 위해 예방프로그램은 제외했다. 평균, 표준편차, 표본 수가 제시된 연구와 효과부분에서 부모나 교사 등 함께 제공하였을 경우, 그 효과를 따로 보고한 논문은 본 연구에 포함하나, 인터넷 중독 집단상담 프로그램의 정확한 효과를 알 수 없는 경우에는 제외하였다. 비교집단은 연구대상자 집단 중 무선배정으로 치료 프로그램을 처치 받은 집단을 실험집단, 프로그램을 처치 받지 않은 집단을 통제집단으로 설정하였고, 어떠한 개입도 제공하지 않은 통제집단이나 대기자 명단이었으며, 유사한 프로그램이나 서비스를 제공한 연구는 제외하였다. 연구결과는 인터넷 중독 수준의 감소 또는 증가와 같은 변화를 보고한 연구를 포함하였으나, 중독 위험군을 대상으로 할뿐, 중독에 감소효과에 대한 결과를 포함하고 있지 않은 연구는 메타분석의 대상에서 제외하였다. 통제 집단이 없는 단일사례 설계나 계량적으로 측정되지 않는 질적 연구방법은 대상에서 제외하였다.

2) 분석과정

문헌검색은 청소년을 대상으로 인터넷 중독 집단상담 프로그램의 인터넷 중독 감소 효과를 실증분석한 선행연구로, 국내의 석 · 박사학위논문, 학술지 논문 및 학술 자료집의 논문들을 모두 포함하였다. 이러한 분석 대상 연구의 적합한 논문을 수집하기 위한 문헌선정과정은 다음과 같다. 첫째, 문헌발견에서는 2000-2018년까지의 국내에서 발표된 인터넷 중독 집단상담 프로그램을 적용한 석 · 박사 학위 논문 및 학술지 논문이다. 데이터베이스에서 검색어 국내 데이터베이스의 경우 학술연구정보서비스(Riss), 학술데이터베이스서비스(Dipia), 한국 학술정보원(KISS) 등의 학술 연구 정보를 활용하여 '인터넷 중독', '집단', '상담', '프로그램', '청소년', '중학생', '고등학생'등의 검색어를 조합하여 자료를 수집하였다. 검색된 문헌은 학위논문이 학술 논문으로 발표된 경우에는 학술 논문만을 분석대상에 포함했으나, 충분한 내용을 확인할 수 없는 경우에는 학위논문의 내용을 확인한 다음 연구자와 상의 한 다음 선정하였다. 또한, 데이터베이스의 차이로 중복된 논문을 제거한 후 문헌의 선택 및 배제기준에 따라 1차선별이 이루어졌고, 2차 선별단계에서는 문헌의 전문을 통해 기준 부합 여부를 세부적으로 검토하였다. 문헌선택 및 배제는 세 명의 연구자가 독립적으로 검토한 후에 논의 과정을 거쳤고, 연구자들 간 의견이 있는 경우에는 전문가와 재검토 및 합의하는 과정을 거쳐 최종분석 논문을 선정하였다. 문헌 검색전략을 통해 검색된 문헌은 총 294편이었으며, 중복문헌을 제거하고 제목과 초록을 통해 문헌을 선별한 결과 총 71편을 선정하였다. 이후 원문을 통해 재검토 결과, 총 33편이 배제되어 최종분석에는 38편의 문헌이 포함되었다.

〈표 2-1〉 중고등학생 집단 프로그램 선정된 연구의 일반적 특성

	연구자	연도	출판형식	성별	실처치집단				프로그램 유형	중독 수준	참여 동기	척도
					각인원수 (실험, 통제)	총회기수	회기당 소요시간	주당 회기수				
1	이숙민	2002	학위논문	혼성	11명	11~16	60~90	1회	자기조절	잠재적위험군	자발	인터넷 중독자가진단
2	최명상	2002	학위논문	혼성	12명	8회기	120분	2회	현실치료	고위험군	비자발	인터넷 중독자가진단
3	허미리	2002	학위논문	혼성	10명	9~10	60~90	2회	미제시	잠재적, 고위험군	자발	인터넷 중독자가진단
4	윤광선	2004	학위논문	혼성	10명	8회기	40~60	2회	현실치료	잠재적위험군	자발	인터넷 중독자가진단

	연구자	연도	출판 형식	성별	실처치집단				프로그램 유형	중독 수준	참여 동기	척도
					각인원수 (실험, 통제)	총회기수	회기당 소요시간	주당 회기수				
5	이혜진	2004	학위논문	혼성	20~35	8회기	60~90	2회	인지행동	고위험군	자발	인터넷 중독자가진단
6	백점순	2005	학위논문	혼성	10명	8회기	120분	1회	현실치료	고위험군	자발	인터넷 중독자가진단
7	남영희	2006	학위논문	혼성	13~19	9~10	40~60	2회	자기조절	잠재적위험군	비자발	인터넷 중독자가진단
8	이홍희	2006	학위논문	혼성	10명	8회기	60~90	1회	자기조절	잠재적위험군	자발	인터넷 중독자가진단
9	정명희	2006	학위논문	혼성	13~19	8회기	40~60	2회	동기강화	고위험군	비자발	인터넷 중독자가진단
10	정경자	2007	학위논문	혼성	10명	8회기	60~90	1회	미제시	잠재적, 고위험군	자발	인터넷 중독자가진단
11	신민지	2008	학위논문	혼성	4~8명	11~16	60~90	2회	예.체능치료	잠재적, 고위험군	비자발	인터넷 중독자가진단
12	김남조	2009	학위논문	혼성	20~35	6회기	미제시	미제시	동기강화	잠재적, 고위험군	자발	인터넷 중독자가진단
13	김수진	2009	학위논문	혼성	20~35	9~10	40~60	1회	자기조절	고위험군	자발	인터넷 중독자가진단
14	김민정	2011	학위논문	여자	12명	8회기	60~90	2회	통합적접근	잠재적, 고위험군	자발	인터넷 중독자가진단
15	황다연	2011	학위논문	혼성	11명	9~10	120분	2회	예.체능치료	잠재적, 고위험군	비자발	인터넷 중독자가진단
16	손현정	2012	학위논문	혼성	10명	9~10	40~60	1회	현실치료	잠재적, 고위험군	비자발	인터넷 중독자가진단
17	한소은	2013	학위논문	혼성	4~8명	11~16회	40~60	2회	자기조절	고위험군	비자발	인터넷 중독자가진단
18	현은정	2013	학위논문	여자	12명	8회기	40~60	1회	자기조절	잠재적, 고위험군	자발	인터넷 중독자가진단
19	이서경	2014	학위논문	여자	13~19	9~10	60~90	3회	예.체능치료	잠재적위험군	자발	인터넷 중독자가진단
20	박송호	2014	학위논문	남자	10명	11~16	40~60	2회	예.체능치료	잠재적, 고위험군	자발	인터넷 중독자가진단

	연구자	연도	출판 형식	성별	실처치집단				프로그램 유형	중독 수준	참여 동기	척도
					각인원수 (실험, 통제)	총회기수	회기당 소요시간	주당 회기수				
21	송미혜	2015	학위논문	여자	13~19	20회기	40~60	2회	인지행동	잠재적우 험군	비자발	스마트폰중독척도
22	박준영	2016	학위논문	혼성	12명	6회기	미제시	미제시	동기강화	잠재적위험군	자발	인터넷 중독자가진단
23	윤수정	2016	학위논문	혼성	12명	11~16	40~60	2회	자기조절	잠재적, 고위험군	자발	스마트폰중독척도
24	신영화	2017	학위논문	혼성	12명	8회기	60~90	3회	동기강화	잠재적위험군	자발	스마트폰중독척도
25	권희경, 권정혜	2002	학회지	남자	13~19	6회기	120분	1회	자기조절	고위험군	자발	인터넷 중독자가진단
26	임성문, 조은실	2005	학회지	혼성	4~8명	11~16	60~90	2회	미제시	잠재적, 고위험군	자발	인터넷 중독자가진단
27	이경숙, 박희석	2008	학회지	혼성	4~8명	9~10	미제시	3회	예.체능치료	잠재적 고위험군	비자발	인터넷 중독자가진단
28	정여주	2008	학회지	혼성	11명	8회기	60~90	1회	통합적접근	잠재적, 고위험군	자발	인터넷 중독자가진단
29	이선미, 이승희	2008	학회지	남자	4~8명	9~10	60~90	2회	자기조절	잠재적, 고위험군	자발	인터넷 중독자가진단
30	손우현, 홍예영	2009	학회지	혼성	4~8명	6회기	60~90	2회	신경언어프로그래밍기법	고위험군	자발	인터넷 중독자가진단
31	성미나, 홍성화	2010	학회지	혼성	13~19	9~10	40~60	1회	인지행동	잠재적위험군	자발	인터넷 중독자가진단
32	성미나, 홍성화	2010	학회지	혼성	13~19	9~10	40~60	1회	인지행동	잠재적위험군	자발	인터넷 중독자가진단
33	김정화, 조성희	2011	학회지	혼성	13~19	6회기	40~60	1회	동기강화	잠재적위험군	비자발	인터넷 중독자가진단
34	박경란, 김희숙	2011	학회지	혼성	13~19	9~10	40~60	2회	통합적접근	잠재적, 고위험군	자발	인터넷 중독자가진단
35	여정윤	2012	학회지	혼성	10명	6회기	40~60	1회	예.체능치료	잠재적, 고위험군	자발	인터넷 중독자가진단

	연구자	연도	출판 형식	성별	실처치집단				프로그램 유형	중독 수준	참여 동기	척도
					각인원수 (실험, 통제)	총회 기수	회기당 소요 시간	주당 회기 수				
36	오창홍. 박상규. 박태수. 오인자	2012	학회지	남자	12명	8회기	60~90	1회	예.체능치료	고위험군	비자발	인터넷 중독자가진단
37	신성만. 류수정. 김병진. 이도형. 정여주	2015	학회지	남자	10명	6회기	120분	1회	동기강화	고위험군	비자발	인터넷 중독자가진단
38	강민선. 이양희	2015	학회지	혼성	10명	8회기	120분	2회	현실치료	고위험군	자발	인터넷 중독자가진단

3) 분석결과

(1) 인터넷 중독에 대한 효과크기

최종 분석에 포함된 38편 문헌의 일반적 특성은 다음과 같다. 한국 청소년 중 · 고등 학생 대상으로 인터넷 중독 집단상담 프로그램으로 출판연도별 학회지 게재 논문 수는 2002- 2015년 14편, 학위논문수는 2002-2017년 24편이 보고되었다.

인터넷 중독 집단상담 프로그램이 인터넷 중독감소에 어떠한 영향을 미치는지 결과를 도출한 결과 95% 신뢰수준(CI)이 보고되었다. 평균 효과 크기는 각 연구의 연구방법, 표본, 개입방법 등이 서로 다양하다는 점을 인정하여 무선효과(random-effects model)를 적용하여 산출한 결과 ESg=-1.40 (95% CI: -1.81~0.92)로 나타나 인터넷 집단상담 프로그램이 인터넷 중독 감속에 큰 효과가 있음을 시각적으로 확인할 수 있다. 본 연구의 대상 논문의 편의 정도를 확인하고 개별연구가 연구 결과를 대표하는지 알아보기 위하여 출판편향분석은 Egger의 회귀분석 P-valuer=1.102e-05이므로 통계적으로 유의하였다.

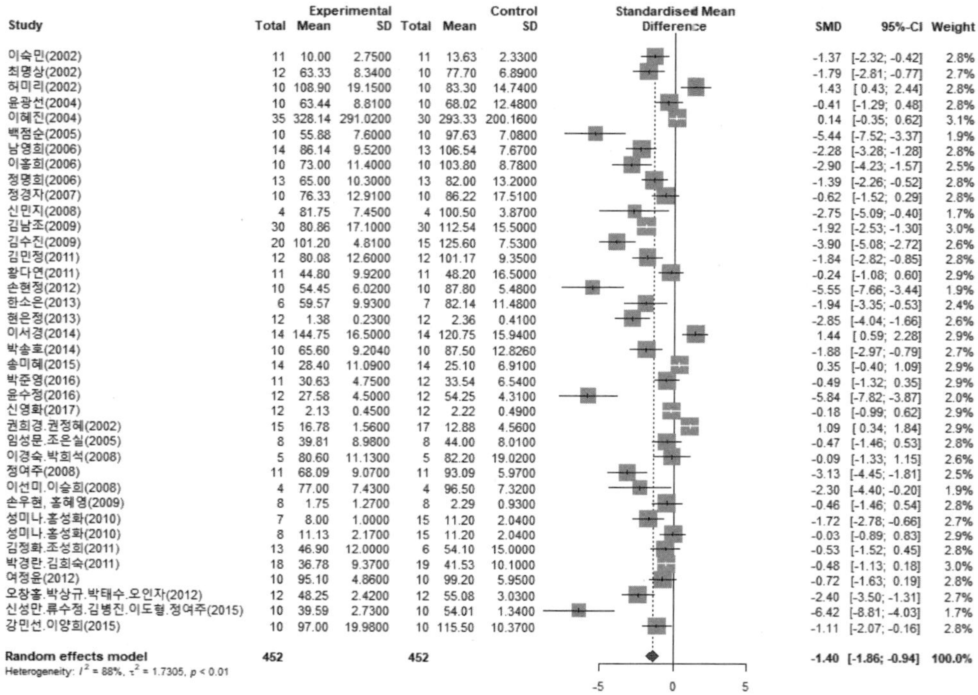

[그림 2-1] 선정된 연구별 효과크기 대한 fores Plot

(2) 인터넷 중독 감소에 대한 하위집단 분석

본 연구에서는 각 변인에 따라 인터넷 중독 집단 상담프로그램이 중독 감소에 미치는 효과에 차이가 있는지, 영향요인을 탐색하기 위해 조절 효과분석을 검증한 결과는 〈표 2-2〉와 같이 나타났다.

프로그램 구조와 관련하여 주당 회기 수에 따른 평균효과크기는 주1회, 미제시, 주2회, 주3회순으로 나타났고, 통계적으로 유의하게 나타났다(p=0.0049). 주1회 실시하는 것이 가장 효과가 있었다. 총회기수의 평균효과크기는 11-16회, 8회기, 9-10회기, 6회기, 20회기 순으로 나타났고 통계적으로 유의하며 (p=0.0005), 11-16회기 진행 시 가장 큰 효과가 있었다. 실험집단과 통제집단 각인원수에서는 실험, 통제 각 10명으로 실시한 경우, 12명, 20-35명, 11명, 4-8명, 13-19순으로 집단의 규모는 10명 정도로 하는 것이 효과적인 것으로 보인다.

프로그램 내용면에서는 중독수준 효과크기 결과 고위험군, 잠재적 · 고위험, 잠재적 위험군1)순으로 나타났다. 통계적으로 유의하게 차이가 있어(p=0.0687), 대상을 엄밀하게 구분하는 것이 효과적이다. 기반으로 이론으로는 현실치료, 자기조절, 통합적 접근, 동기강화, 예.체능치료, 신경언어 프로그래밍 기법, 인지행동 이론, 미제시 순으로 나타났다. 통계적으로도 유의하게 나타났다(p=0.0132). 학력에 대한 인터넷 중독의 평균 효과크기는 고등학생, 중학생으로 나타났다(p=0.5638).

〈표 2-2〉 인터넷 중독 감소에 대한 하위집단 분석

구분		k	ES(g)	95% 신뢰구간(CI)		Q	tau^2	I^2	p-value
				Lower	Upper				
주당 회기수	주1회	15	−2.236	−3.166	−1.306	144.39	2.935	90.3%	0.0050
	미제시	2	−1.230	−2.629	−0.169	7.29	0.880	86.3%	
	주2회	18	−1.921	−1.643	−0.540	99.24	1.095	82.9%	
	주3회	3	0.414	0.700	1.529	8.38	0.730	76.1%	
총 회기수	11−16회기	6	−2.166	−3.350	−0.982	24.20	1.638	79.3%	0.0005
	8회기	13	−1.677	−2.381	−0.973	83.95	1.373	85.7%	
	9−10회기	11	−1.107	−2.134	−0.080	110.01	2.639	90.9%	
	6회기	7	−1.055	−2.140	0.029	59.28	1.834	89.9%	
	20회기	1	0.346	−0.400	1.094	0.00	—	—	
각인원수 (실험, 통제)	10명	10	−2.094	−3.274	−0.913	90.37	3.113	90.0%	0.0835
	12명	7	−2.016	−3.073	−0.959	42.86	1.698	86.0%	
	20−35	3	−1.833	−3.883	0.216	52.45	3.113	96.2%	
	11명	3	−1.508	−3.025	0.0097	13.38	1.516	85.0%	
	4−8명	6	−1.007	−1.769	−0.244	9.24	0.395	45.9%	
	13−19	9	−0.365	−1.140	0.409	60.67	1.210	86.8%	

구분		k	ES(g)	95% 신뢰구간(CI)		Q	tau^2	I^2	p-value
				Lower	Upper				
중독 수준	고위험군	11	−1.927	−2.974	−0.879	122.42	2.737	91.8%	0.0687
	잠재적 고위험	16	−1.624	−2.339	−0.903	107.86	1.721	86.1%	
	잠재적 위험군	11	−0.681	−1.355	−0.008	59.80	1.070	83%	
프로그램 유형	현실치료	5	−2.598	−4.223	−0.972	34.69	2.893	8	0.0132
	자기조절	9	−2.401	−3.745	−1.057	92.05	3.754	91.3%	
	통합적접근	3	−1.729	−3.220	−0.237	14.53	1.476	86.2%	
	동기강화	6	−1.428	−2.407	−0.448	34.43	1.198	85.5%	
	예.체능치료	7	−0.831	−1.912	0.250	42.54	1.755	85.9%	
	신경언어 프로그래밍 기법	1	−0.458	−1.455	0.538	0.00	—	—	
	인지행동	4	−0.224	−0.955	0.505	11.19	0.395	73.2%	
	미제시	3	0.106	−1.166	1.380	10.38	1.021	80.7%	
학력	고등학교	11	−1.610	−2.473	−0.747	91.29	1.829	89.0%	0.5638
	중학교	27	−1.310	−1.852	−0.768	200.29	1.684	87.0	
회기당 소요시간	120분	6	−2.035	−3.717	−0.354	70.11	3.897	92.9%	0.3312
	40–60분	15	−1.7529	−2.478	−1.026	107.28	1.718	86.9%	
	60–90분	14	−0.969	−1.696	−0.242	97.66	1.572	86.7%	
	미제시	3	−0.907	−2.080	0.265	11.02	0.862	81.8%	
성별	남자	5	−2.220	−4.383	−0.056	59.55	5.455	93.2%	0.5633
	혼성	29	−1.387	−1.859	−0.914	190.29	1.352	85.3%	
	여자	4	−0.687	−2.488	1.112	46.08	3.140	93.5%	
참여 동기	비자발	12	−1.814	−2.675	−0.953	74.34	1.842	85.2%	0.2608
	자발	26	−1.228	775	−0.680	223.43	1.729	88.8%	

참고문헌

강대철(2007). 자기조절 집단상담이 초등학생의 자기조절능력과 인터넷 과다사용 경향에 미치는 영향. 전주교육대학교 교육대학원 석사학위논문.

강민선, 이양희(2015). 현실치료를 적용한 집단상담 프로그램이 청소년의 인터넷 중독에 미치는 영향. 현실치료연구, 4(1), 1-11.

강진령(2012). 집단상담과 치료. 서울:학지사.

강희양, 손정락(2010) 청소년의 인터넷 중독과 게임중독에 대한 자존감향상 인지행동치료 효과, 한국심리학회지 건강, 15(1), 143-159.

강희양, 박창호(2011). 스마트폰 중독 척도의 개발 및 타당화. 한국심리학회, 1, 205-205.

고수연(2002). 자기조절 집단상담 프로그램이 아동의 인터넷 중독에 미치는 효과. 제주대학교 석사학위논문.

구은정(2003). 초등학교 아동의 자기통제, 자기노출, 사회적지지 지각과 인터넷 중독과의 관계. 한국교원대학교 석사학위 논문.

권경인, 조수연(2013). 청소년 스트레스 감소 및 대처 집단상담 프로그램의 효과에 관한 메타분석. 한국심리학회지 상담 및 심리치료, 25(1), 41-62.

권성열(2006). 현실요법 집단상담 프로그램이 초등학생의 인터넷 중독 경향성 감소 및 정신건강 증진에 미치는 효과. 계명대학교 교육대학원 석사학위논문.

권은정, 장승옥(2016). 청소년 인터넷 중독 치료 프로그램의 중독 감소 효과에 관한 메타분석. 한국사회복지조사연구, 48, 105-129.

권은정, 장승옥(2016). 청소년 인터넷 중독 치료 프로그램의 중독 감소 효과에 관한 메타분석. 연세대학교 사회복지연구소, 48, 105-129.

권정혜(2000). 감각추구 성향, 스트레스, 대처방식 사회적 지지가 인터넷의 중독적 사용에 미치는 영향. 2000년도 한국심리학회 연차학술 발표대회논문집.

권현주(2007). 학업스트레스대처 집단상담 프로그램이 초등학교 고학년의 학업스트레스 및 인터넷 중독에 미치는 영향. 한국교원대학교 교육대학원 석사학위논문.

권희경, 권정혜(2002). 인터넷 사용조절 프로그램의 개발 및 효과검증을 위한 연구. Korean Journal of Clinical Psychology, 21(3), 503-514.

김경희(2008). 인터넷 중독 초등학생의 학교적응력 향상을 위한 집단상담 프로그램 개발. 한국교원대학교 교육대학원 석사학위논문.

김계현, 이윤주, 왕은자(2002). 국내 집단상담 성과연구에 대한 메타분석. 상담학연구, 3(1), 47-62.

김기숙(2009). 청소년의 인터넷게임 중독에 영향을 미치는 부모관련 요인 예측모형. 중앙대학교 대학원 박사학위논문.

김남조(2009). 청소년 인터넷 중독 실태와 동기강화 집단상담의 효과. 한동대학교 상담대학원 석사학위 논문.

김대진(2012). 인터넷(게임)중독의 예방과 치료를 위한 연구개발 및 국가종합대책안 수립.

김대진(2014). 청소년의 인터넷게임 중독 연구동향. 생명공학정책연구센터.

김동연, 이성희(1997) 결손가정 아동의 자긍심 강화를 위한 집단미술치료, 미술치료연구, 4(1), 1-18.

김동일, 이은아, 정여주, 김동민, 조영미(2008). 청소년 인터넷 중독 관찰자용 척도 개발. 상담연구, 9(3), 1201-1214.

김동일 외(2012). 성인용 간략형 스마트폰 중독 자가진단척도 개발. 상담학연구, 13(2), 629-244.

김미은(2002). 인터넷 중독이 청소년의 사회적응력에 미치는 영향. 제주대학교 대학원 석사학위논문.

김민정(2011). 인터넷 과다사용 조절 집단상담 프로그램이 여자중학생의 인터넷 과다사용에 미치는 효과. 경북대학교 교육대학원 석사학위논문.

김병년(2013). 대학생의 자기통제력과 스마트폰 중독간의 관계에서 우울의 매개효과. 한국가족복지학, 39, 49-81.

김수정(2007). 초등학교 고학년의 인터넷 중독 관련변인 연구. 경성대학교 석사학위 논문.

김수진(2009). 자기조절 집단상담 프로그램이 고등 중독에 미치는 효과. 한양대학교 교육대학원 석사학위논문.

김숙영(1993). 자기조절 개념에 관한 문헌 고찰. 경희학생의 인터넷대학교 박사학위 논문.

김웅장(2002). 청소년의 인터넷 중독 성향과 자아 존중감 및 정신증상 차원의 관계. 전남대학교 석사학위논문.

김은영(2007). 청소년의 우울감 및 자기통제감과 휴대폰의 중독사용과의 관계. 한양대학교 교육대학원 석사학위논문.

김은영, 임신일(2014). 스마트폰 과다사용 증상에 대한 청소년들의 인식. 청소년학연구, 21(6), 255-279.

김은하, 박승민(2011). 작업동맹에 관한 국내 연구의 동향. 한국심리학회지: 상담 및 심리치료, 23(1), 1-25.

김정화, 조성희(2011). 인터넷 중독 위험 군 고등학생들의 회복을 위한 MI 프로그램. 학생생활연구, 19, 31-44.

김종운(2003). 중학생의 인터넷 중독과 자기통제력 및 정신건강과의 관계. 중등교육연구, 56(3).

김주영(2005). 아동의 성취동기에 대한 사회적지지, 자아존중감 및 내적성공귀인의 경로모형. 부산대학교 대학원 석사학위논문.

김창대, 권경인(2000). 집단상담활동의 유형화 연구-치료적 요인을 중심으로-. 상담학연구, 1(1), 53-73.

김춘경, 박지현, 손은희, 송현정, 안은민, 유지영, 이세나, 전은주, 조민규, 한은수(2016). 청소년 집단상담 프로그램. 서울:학지사.

김춘실, 김희진, 천성문(2009). 칭찬 집단상담프로그램이 중학생의 자아존중감, 또래관계 및 학교생활적응에 미치는 효과. 한국동서정신과학회지, 12(1), 13-28.

김태희(2008). 인터넷 게임 욕구 조절 프로그램이 남자 중학생의 인터넷 게임 중독에 미치는 효과. 경북대학교 교육대학원 석사학위논문.

김현실, 양지훈(2016). 청소년을 위한 스마트폰 중독 예방 프로그램의 효과에 관한 메타분석. 경성대학교 사회과학연구, 32(1), 259-281.

김형준, 이상준, 우정익, 조항석, 권혁중(2002). 청소년들의 인터넷 사용실태 및 중독관련 요인 분석. Korean Journal of Family Medicine, 23(3), 334-343.

김혜온, 김성혜(2006). 현실치료 집단상담 프로그램이 인터넷 중독 초등학생의 자아존중감, 내적통제성 및 인터넷 중독 개선에 미치는 효과. 목포대학교 교육연구서, 18, 11-22.

김희영, 조미경(2015). 청소년 인터넷 중독 집단치료프로그램 효과에 대한 메타분석. 정신보건과 사회사업, 43(2), 89-118.

남영희(2006). 자기조절 집단상담 프로그램이 중학생의 인터넷 중독에 미치는 효과. 경북대학교 교육대학원 석사학위논문.

노성덕(1996). 자기조절 집단 상담이 내담자의 자기존중감과 자기표현에 미치는 효과. 전북대학교 교육대학원 석사학위논문.

노충래, 김소연(2016). 부모양육태도가 청소년의 스마트폰 의존에 미치는 영향: 청소년의 우울과 공격성의 매개효과. 한국청소년연구, 27(4), 87-114.

류진아(2003). 청소년의 인터넷 중독에 영향을 미치는 생태체계 변인. 숙명여자대학교 대학원 박사학위논문.

문리학(2007). 집단미술치료가 인터넷 중독 초등학생의 자기통제 및 사회성에 미치는 영향. 서울여자대학교 특수치료전문대학원 석사학위논문.

문화체육관광부, (2016). 2016 국민여가활동조사. 문화체육관광부.

미래창조과학부(2013). 2012년 인터넷 중독 실태조사. 미래창조과학부.

미래창조과학부(2018). 2017년 인터넷 중독 실태조사. 미래창조과학부.

박건숙(2011). 독서치료가 인터넷 중독 초등학생의 자아존중감 향상 및 인터넷 중독 개선에 미치는 효과. 전남대학교 교육대학원 석사학위논문.

박경란, 김희숙(2011). 인터넷 중독 집단상담통합프로그램이 인터넷 중독경향 고등학생의 자기결정성과 인터넷 중독에 미치는 효과. Journal of Korean Academy of Nursing, 41(5), 694-703.

박구연(2001). 가족 기능과 자아개념이 고등학생의 컴퓨터 게임 중독에 미치는 영향. 서울여자대학교 석사학위논문.

박명희(2014). 중학생이 지각한 가족지지, 스트레스 대처방식과 사회불안, 스마트폰 중독의 관계. 경남대학교 대학원 석사학위 논문.

박송호(2014). 자기통제 집단미술치료가 인터넷 중독 고등학교 남학생의 인터넷 중독에 미치는 영향. 대구대학교 대학원 석사학위논문.

박승민(2009). 청소년 인터넷 중독 집단상담 프로그램의 효과에 대한 메타분석. 한국심리학회지 상담 및 심리치료, 21(3), 607-623.

박영화(2009). 인터넷 과다사용 조절 집단상담 프로그램이 인터넷 과다사용 아동에게 미치는 영향. 경인교육대학교 석사학위논문.

박용민(2011). 성인들의 스마트폰 중독과 정신건강에 관한 연구. 상지대학교 평화안보 대학원 석사학위논문.

박정화(2005). 청소년의 인터넷 중독경향이 사회적응력에 미치는 영향. 중앙대학교 행정대학원 석사학위논문.

박준영(2016). 동기강화상담-인지행동 집단 프로그램이 청소년의 인터넷 스마트폰 중독, 변화동기, 정서조절에 미치는 영향. 한동대학교 대학원 석사학위논문.

배새봄(2004) 집단미술활동이 인터넷 중독 초등학생의 감성지능과 중독증상에 미치는 영향. 대구대학교 특수대학원 석사학위논문.

백점순(2005). 현실요법 집단상담 프로그램이 인터넷 중독 고등학생의 중독수준과 자기효능감, 내부-외부 통제성 및 정신건강에 미치는 효과. 계명대학교 석사학위논문.

부정민(2007). 청소년의 온라인게임 몰입 및 중독에 영향을 미치는 생태체계변인. 숙명여자대학교 대학원 박사학위논문.

석말숙, 구용근(2016). 청소년의 개인요인, 가족요인, 학교요인이 스마트폰 중독에 미치는 영향. 청소년복지연구, 18(1), 53-77.

성미나, 홍성화(2010). 인지행동적 집단상담이 청소년의 인터넷 중독행동에 미치는 효과. 청소년상담연구, 18(2), 57-69.

소두영(2008). 인터넷 과다사용 초등학생을 위한 사회기술향상 집단상담 프로그램개발. 한국교원대학교 석사학위논문.

손성원(2002). 중학생 인터넷 중독의 현실치료. 대구가톨릭대학교 대학원 석사학위논문.

손우현, 홍혜영(2009). 인터넷 중독 청소년 NLP 집단상담 프로그램의 효과:우울, 자기통제력, 스트레스 대처를 중심으로. 미래청소년학회지, 6(3), 45-66.

송미혜(2015). 스마트폰에 중독된 중학교 여학생을 위한 자기통제 중심의 원예치료 프로그램 효과 구명. 경상대학교 대학원 석사학위논문.

송원영(1998). 자기효능감과 자기통제력이 인터넷 중독적 사용에 미치는 영향. 연세대학교 대학원 석사학위논문.

송현정(2012). 인터넷 중독 청소년을 위한 현실치료 집단상담 프로그램이 인터넷 중독, 우울, 자아 존중감, 충동성에 미치는 효과. 경북대학교 대학원 석사학위논문.

신민지(2008). 집단미술치료가 인터넷 중독 청소년 심리 사회 성숙도에 미치는 효과. 영남대학교 환경보건대학원 석사학위논문.

신성만, 류수정, 김병진, 이도형, 정여주(2015). 인터넷 중독 청소년을 위한 동기강화상담 집단상담프로그램 개발 및 효과. 상담학연구, 16(4), 89-109.

신성만, 정여주, 류수정(2015). 청소년 인터넷 · 스마트폰 중독 상담프로그램 개발 연구. 서울: 여성가족부.

신아름(2011) 인터넷 중독 청소년의 대인관계와 인터넷 중독 개선을 위한 미술 치료 사례 연구, 건국대학교 디자인대학원 석사학위논문.

심언희(2013) 집단미술치료가 청소년의 인터넷 중독에 미치는 영향, 명지대학교 사회교육대학원 석사학위논문.

신영화(2017). 학습동기향상 그룹코칭 프로그램이 고등학생의 학습동기 및 스마트폰 중독에 미치는 영향. 광운대학교 대학원 석사학위논문.

신호경, 이민석, 김흥국(2011). 모바일 사용행동에 대한 실증연구: 스마트폰 사용 중독을 중심으로. 18(3), 50-68.

신향숙(2005). 인지행동 집단상담이 인터넷 중독아동의 자기통제력 수준에 따라 인터넷 중독 감소에 미치는 효과. 경북대학교 대학원 석사학위논문.

아영아, 정원철(2010). 청소년의 학업 및 가족갈등 스트레스가 인터넷 중독에 미치는 영향 -스트레스대처능력의 조절효과 중심으로. 청소년복지연구, 12(4), 257-277.

안은희(2018). 고등학생의 부모애착과 또래애착이 SNS중독경향성에 미치는 영향: 내현적 자기애의 매개효과. 연세대학교 석사학위 논문.

안현복(2008). 집단미술치료 프로그램이 초등학교 저학년 아동의 자아존중감에 미치는 효과. 울산대학교 교육대학원 석사학위논문.

엄옥연(2011). 청소년 인터넷 중독에 영향을 미치는 생태체계 요인에 관한 연구:우울과 자기통제력을 중심으로. 한영신학대학교 대학원 박사학위논문.

여성가족부(2017). 2016 청소년 매체 이용 및 유해 환경 실태조사. 서울:청소년가족정책실.

여성가족부(2018). 2018년 인터넷 · 스마트폰 이용습관 진단조사 결과.

여정윤(2012). 음악치료활동이 인터넷 중독 청소년의 회복탄력성에 미치는 효과. 한국음악치료학회지, 14(1), 21-40.

오강탁, 이제은(2012). 스마트 라이프 혁명의 실제와 스마트폰 중독. 한국인터넷진흥원, 3(4), 21-43.

오원옥(2004). 고학년 초등학생의 컴퓨터 게임 중독 실태 및 영향요인. Child Health Nursing Research, 10(3), 282-290.

오은정, 장성화(2009). 청소년의 사회적 지지와 자아정체감 및 휴대전화 중독의 관계. 청소년복지연구,

11(3), 25-44.

오익수(2003). 초등학생 인터넷 중독의 심리적 요인. 상담학연구, 4(3), 513-529.

오익수, 김철(2009). 인터넷 중독 예방 및 개입 프로그램의 효과에 대한 메타분석. 정보교육학회논문지, 13(4), 529-537.

오정하(2002). Differential game : a case study. 서울대학교 대학원 석사학위논문.

오창홍, 박상규, 박태수, 오인자(2012). 인터넷 중독 청소년을 위한 숲 체험 프로그램 개발 및 효과. 상담학연구, 13(5), 2395-2415.

유수정, 김희정(2011). 집단상담이 아동 · 청소년의 공격성 감소에 미치는 효과에 관한 메타분석. 학습자중심교과교육연구, 11(4), 267-292.

윤광선(2004). 현실요법 프로그램이 청소년의 인터넷 중독감소에 미치는 효과 경상대학교 교육대학원 석사학위논문.

윤수정(2016). 자기통제훈련 프로그램이 중학생의 자기통제력과 스마트폰 중독에 미치는 효과. 계명대학교 교육대학원 석사학위논문.

윤재희(1998). 인터넷 중독과 우울, 충동성, 감각추구성향 및 대인관계의 연관성. 고려대학교 대학원 석사학위논문.

이경숙, 박희석(2008). 연극치료가 인터넷 중독 청소년의 자기통제력 및 사회성에 미치는 효과. 한국예술치료학회지, 8(1), 303-325.

이경숙, 정석진, 김명식, 서보경(2013). 초등 고학년용 부모연계 인터넷 중독 상담 프로그램 개발 및 효과검증. 한국심리학회지 발달, 26(1), 231-254.

이계원(2001). 청소년의 인터넷 중독에 관한 연구. 이화여자대학교 대학원 박사학위논문.

이국용(2012). 스마트폰 어플리케이션 이용 중독에 영향을 미치는 요인. 경영교육연구, 75, 183-208.

이기영, 장성화, 최성열, 신성철(2008). 초등학생의 인터넷 중독이 초등학생의 학교적응 및 또래관계와 공격성에 미치는 영향에 대한 자아존중감의 조절효과. 미래청소년학회지, 5(4).

이미숙(2018). 청소년을 대상으로 한 게슈탈트 집단상담 프로그램 효과에 대한 메타분석. 경북대학교 대학원 석사학위논문.

이상근(1996). 자기조절 훈련이 중학생의 학업 스트레스 감소에 미치는 효과. 전북대학교 대학원 석사학위 논문.

이서경(2014). 통합예술치료프로그램이 스마트폰 중독 경향성이 있는 중학생의 우울, 자기통제감 및 학교생활적응에 미치는 효과. 경성대학교 교육대학원 석사학위논문.

이선미, 이승희(2008). 놀이 중심의 자기통제훈련 집단 프로그램이 중학생의 인터넷 중독수준과 자기통제력에 미치는 효과. 놀이치료연구, 12(2), 55-74.

이세용(2000). 인터넷과 청소년의 성의식. 정보사회와 미디어, 2, 154-182.

이소영(2000). 게임의 중독적 사용이 청소년의 문제해결 능력 및 의사소통에 미치는 영향. 고려대학교 대학원 석사학위논문.
이숙민(2002). 자기통제기술 집단 상담이 인터넷 중독 감소에 미치는 효과. 울산대학교 대학원 석사학위 논문.
이숙진, 김형모(2009). 청소년의 인터넷 중독에 영향을 미치는 요인. 아동과 권리, 13(2), 275-303.
이유경(2002). 컴퓨터 게임중독 청소년의 사회적 관계 및 적응에 관한연구. 성신여자대학교 대학원 석사학위 논문.
이임숙(2004). 사이버와 면대면 인터넷사용조절 훈련을 통한 인터넷 중독 감소방안 탐색. 한국교원대학교 대학원 석사학위논문.
이장호, 김정희(1998). 집단상담의 원리와 실제. 서울:법문사.
이재휘(2010). 인터넷 중독 청소년을 위한 목회상담: 로저스의 비지시적 방법을 중심으로. 협성대학교 신학대학원.
이정미(2012). 아동 · 청소년대상 현실치료 집단상담 프로그램 효과에 대한 메타분석. 현실치료연구, 1(1), 1-16.
이주영(2002). 컴퓨터중독 초등학생을 위한 자기관리 프로그램의 효과. 계명대학교 대학원 석사학위논문.
이준기, 강근모(2015). 청소년 인터넷 중독 집단상담 프로그램의 효과에 관한 메타분석. 상담학연구, 16(3), 101-120.
이준기, 최웅용(2011) 청소년 인터넷중독의 위험요인과 보호요인에 대한 연구. 상담학연구, 12(6), 2085-2104.
이지항(2005). 인터넷 환경변인과 중재변인이 청소년의 인터넷 중독 성향에 미치는 효과. 숙명여자대학교 대학원박사학위논문.
이해경(2002). 인터넷상에서 청소년들의 폭력게임 중독을 예측하는 사회심리적 변인들. 한국심리학회지 발달, 14(4), 55-79.
이해국(2012). 태아 알코올 스펙트럼 장애의 유병률 및 역학. 대한소아청소년정신의학회, 2012(5), 119-126.
이현아(2004). 대학생의 인터넷 중독유형에 따른 특성과 인터넷 중독의 영향. 대한가정학회지, 42(3).
이형초(2001). 인터넷게임 중독의 진단척도 개발과 인지행동치료 효과. 고려대학교 대학원 박사학위논문.
이혜진(2001). 청소년 인터넷 중독과 개인, 가족, 학교 및 또래 환경요인과의 관계연구. 카톨릭대학교 대학원 석사학위 논문.
이혜진(2004). 인터넷 중독 청소년들을 위한 집단상담 프로그램. 성신여자대학교 대학원 석사학위논문.
이홍희(2006). 집단 상담이 인터넷 중독 청소년의 자아존중감 및 인터넷사용에 미치는 영향. 중부대학교 원격대학원 석사학위논문.

임성문, 조은실(2005). 대인불안성향의 인터넷 중독 청소년을 위한 집단상담 프로그램의 개발. 사회과학연구, 22(1), 179-202.

장재홍(2004). 부모의 자녀양육태도가 중학생의 인터넷 중독에 미치는 영향:인터넷 사용욕구를 매개로. 상담학연구, 5(1), 113-128.

장현정, 최선남(2016). 남자 중학생의 인터넷 중독 완화를 위한 집단미술치료 효과 연구. 예술심리치료연구, 12(1), 27-49.

전소영(2013). 미술치료 프로그램이 스마트폰 중독 초등학생의 중독성과 공격성에 미치는 효과, 광주여자대학교 사회개발대학원 석사학위논문.

전소영, 오승진(2015). 미술치료 프로그램이 스마트폰 중독 초등학생의 중독성에 미치는 효과. 아동미술교육, 14, 71-87.

전춘애, 박철옥, 이은경(2008). 아동, 청소년 상담 : 청소년의 인터넷 중독 관련 변인 탐색 연구. 상담학연구, 9(2), 709-726.

정경자(2007). 부모역할훈련 프로그램이 중학생 인터넷 사용조절 집단상담의 성과에 미치는 효과. 전북대학교 대학원 석사학위논문.

정명주(2002) 집단미술치료가 보육원 아동의 정서지능에 미치는 효과, 대구대학교 재활과학대학원 석사학위논문.

정명희(2006). 동기강화인지행동치료가 청소년의 인터넷 중독에 미치는 효과. 계명대학교 대학원 석사학위논문.

정문선, 이무식(2018). 중학생에서 내현적 자기애성향과 대인관계 지향성이 스마트폰 중독에 미치는 영향. 중독과 복지, 2(1), 7-29.

정민(2012). 아들러의 사회적 관심과 격려 기법에 근거한 인터넷 중독과 사이버 비행 아동 집단상담 프로그램의 효과. 한국심리학회지 상담 및 심리치료, 24(3), 533-553.

정보통신정책연구원(2017). 스마트폰 보급률 실태조사.

정상욱(2003). 인터넷 중독실태와 치료를 위한 집단상담 프로그램의 효과에 관한 연구. 한국교원대학교 교육대학원 석사학위논문.

정선태(2001). 자기통제훈련 프로그램이 인터넷 중독 감소에 미치는 효과. 울산대학교 교육대학원 석사학위논문.

정송화, 이경은, 김미정(2019). 스마트폰 중독 초등학생을 위한 개입프로그램 메타분석. 한국산학기술학회논문지, 20(2), 144-152.

정송화, 이경은, 주소희, 김미정(2019). 인터넷 중독 중고등학생을 위한 집단 프로그램 효과성에 대한 메타분석. 인문사회21, 10(1), 1221-1236.

정여주(2008). 통합예술치료가 인터넷 중독 고교생의 인터넷 사용조절과 자기통제에 미치는 영향. 미술치료연구, 15(3), 555-570.

정현웅, 오세덕(2008). 아동, 청소년 삼담: 농촌지역 실업계 고등학생의 인터넷 중독에 따른 충동성과 공격성의 차이. 상담학연구, 9(2), 601-614.

조민자(2011). 우울, 불안 및 부모의 방임적 양육태도가 인터넷 중독에 미치는 영향:정서인식 명확성, 자아존중감 및 자기통제력의 조절효과. 대구대학교 대학원 박사학위논문.

차은선(2011). 집단음악치료가 인터넷 중독 초등학생의 자기통제, 사회성 및 스트레스에 미치는 효과. 원광대학교 대학원 박사학위논문.

천성문, 김남희, 김정남, 박미선, 박원모, 배정우, 조정선, 한미경(2004). 중고등학생을 위한 집단상담 프로그램. 서울:학지사.

청소년대화의 광장(2000). 청소년 시간, 정신 에너지 관리 훈련 프로그램.

청소년사이버상담센터(2018). 청소년 이해하기. https://www.cyber1388.kr:447/

최나야, 한유진(2006). 중독성, 부모와의 의사소통 및 인터넷 게임에 대한 기대가 아동, 청소년의 게임 중독에 미치는 영향. 한국가정관리학회지, 24(2), 209-219.

최명상(2002). 현실치료 집단 상담이 인터넷 중독 고교생의 자기존중감, 우울, 자기통제력, 그리고 인터넷 중독 개선에 미치는 영향. 경남대학교 교육대학원 석사학위 논문.

최삼욱(2014). 행위중독. 서울:눈 출판그룹.

하지연, 신성만(2015). 인터넷 중독 집단상담 프로그램 효과에 대한 메타분석. 한국심리학회 학술대회 자료집, 2015(8), 441-441.

하지연, 신성만(2016). 청소년 인터넷 중독 집단상담 프로그램 효과에 관한 메타분석. 한국심리학회지 일반, 35(1), 191-216.

한국정보문화진흥원(2002). 인터넷조절 집단상담 프로그램.

한국정보문화진흥원(2003). 인터넷 중독 자가진단검사(K-척도)와 예방교육프로그램.

한국정보문화진흥원(2007). 간략형 청소년 인터넷 중독 자가진단 척도 개발과 타당화.

한국정보화진흥원(2011). 2010년 스마트폰 중독 실태조사. 미래창조과학부.

한국정보화진흥원(2011). 인터넷 중독조사결과.

https://www.nia.or.kr/site/nia_kor/main.do

한국정보화진흥원(2014). 2013년 스마트폰 중독 실태조사. 미래창조과학부.

한국정보화진흥원(2015). 2014년 스마트폰 중독 실태조사. 미래창조과학부.

한국정보화진흥원(2016). 2015년 스마트폰 중독 실태조사. 미래창조과학부.

한국정보화진흥원(2017). 2017년 인터넷이용실태조사.

한국정보화진흥원(2018). 인터넷 중독조사결과.

https://www.nia.or.kr/site/nia_kor/main.do

한국정보화진흥원 인터넷 중독 대응센터. https://www.iapc.or.kr

한국청소년상담원(2000). 청소년 품성계발 활성화대회 자료집.

한국청소년상담원(2003). 초등학생용 품성계발 심화프로그램 개발연구: 2003년 품성계발 보고서.

한국청소년상담복지개발원(2013). 스마트폰 중독 실태조사 및 상담 · 치료 매뉴얼 개발 연구보고서.

한복희(2001). 인터넷 중독 정도가 청소년에게 미치는 심리 · 사회적 역기능에 관한 연구. 한양대학교 대학원 석사학위논문.

한소은(2013). 과도한 인터넷사용 청소년을 위한 대인관계 프로그램의 효과 : 인터넷 사용조절 중심의 프로그램과의 비교. 덕성여자대하교 대학원 석사학위논문.

홍설화(2006). 청소년기 스트레스가 인터넷 중독에 미치는 영향에 관한 연구. 이화여자대학교 대학원 석사학위논문.

홍윤선(2005). ≪딜레마에 빠진 인터넷≫. 서울: 굿인포메이션.

황다연(2011). 게슈탈트 관계성 향상 프로그램이 인터넷 중독 경향 청소년에 미치는 효과. 성신여자대학교 대학원 석사학위논문.

황상민(2001). 사이버 중독에 관한 도서들: 천자서평 인터넷 심리학. 상담과 선교, 9(3), 125-125.

황성동(2015). R을 이용한 메타분석. 서울: 학지사.

허미리(2002). 인터넷 중독 청소년을 대상으로 한 학교적응 상담프로그램의 효과. 안양대학교 교육대학원 석사학위논문.

현은정(2013). 인터넷 사용조절 집단상담 프로그램이 여중생의 인터넷 과다사용 및 자기통제력에 미치는 효과. 제주대학교 교육대학원 석사학위논문.

Akos, P., Hamm, J. V., Mack, S. G., & Dunaway, M.(2006). Utilizing the developmental influence of peers in middle school groups. The Journal for Specialists in Group Work, 32(1), 51-60.

Andrea C. Nakaya(2015). Internet and Social Media Addiction. Referencepoint Pr Inc.

Bandura, A(1977). Social Learning Theory, New York :Prentice-Hall.

Berg-Smith,S.M., Stevens,V.J., Brown,K.M., VanHorn,L., Gernhofer,N., Peters,E., Greenberg, R., Snetselaar,L., Ahrens,L., & Smith,K.(1999). A brief motivational intervention to improve dietary adherence in adolescents. Health Education Research, 14(3), 399-410.

Block, J. J.(2008). Issues for DSM-V: Internet addiction. Am. J. Psychiatry 165, 306–307.

Bond, T. C., and H. Sun(2005). Can reducing black carbon emissions counteract global warming?, Environ. Sci. Technol., 39(16), 5921–5926, doi:10.1021/es0480421.

Carrell, S.(2000). Group exercises for adolescents: A manual for therapits(2nd ed.). Thousand Oaks, CA:Sage.

CoHen, J.(1988). Statistacal Power Analysis for the Behavioral Sciencs(2nd ed.) Hillsdale. New Jersey: Lavrence Erlbaum Associates.

Cormier, W H & Cormier, L S(1985). Interviewing Strategies for Helpers : Cole publishing Company.

Dokoupil(2012). "Is the Internet Making Us Crazy? What the New Research Says."

Fernald, A, & Kuhl, P(1987). Acoustic Determinants of Infant Preference for Motherese Speech Infant Behavior and Development, 10, 279-293.

Foley K, Duran B, Morris P, Lucero J, Jiang Y, Baxter B, Harrison M, Shurley M, Shorty E, Joe D, Iralu J, Davidson-Stroh L, Foster L, Begay MG, Sonleiter N.(2005). Using motivational interviewing to promote HIV testing at an American Indian substance abuse treatment facility. J Psychoactive Drugs, 7(3), 321-9.

Gazda, G, M.(1989). Group Counseling: A developmental approach. Boston: Allyn & Bacon.

Ginott, H. G.(1985). Group psychotherapy with children. New York:McGraw-Hill.

Glasser, W.(1998). Choice theory. New York, NY: Harper & Row.

Greenfield, D. N.(1999). Virtual Addiction: Help for Netheads, Cyberfreaks, and those who love them. substance abuse treatment facility. Journal of Psychoactive Drugs, 37(3), 321-329.

Greg Beato(2010) "Internet Addiction,"Reason, August/September, 17.

Goldberg, I.(1995). Internet addictive disorder (IAD) diagnostic criteria. Retrieved July 27, 2007, from www.psycom.net/iadcriteria.html.

Griffiths, M.(1998). Internet addiction: Does it really exist? In J. Gackenbach (Ed.), Psychology and the Internet: Intrapersonal, interpersonal, and transpersonal implications. San Diego, CA, US: Academic Press.

Griffiths MD.(2006) A 'components' model of addiction within a biopsychosocial framework. Journal of substance use. 10:191-197.

Hodgins,D.,&Diskin, K. M.(2008).. Motivational Interviewing in the treatment of problem and pathological gambling. New York: Guilford.

Ikeda, K.,& Nakamura, K.(2014). Association between mobile phone use and depressed mood in Japanese adolescents: a cross-sectional study. Environmental health and preventive medicine, 19(3), 187.

Jacobs, EdE., Masson, R. L., & Harvil, R. L.(2002). Group Counseling: Strategies and Skills(4th ed.). Belmont, CA: Thomson Brooks/Cole.

Jonson, D. W., &Johnson, F, P.(1987). Joining together: Group theory and group skills. Boston:Allyn&Bacon.

Kanfer, F.(1977). The Many Faces of Self-Contron or Behavior Modification Changes its Focus In R Stuart(Ed), Behavioral Self-Management, New York : Brunner Mazel..

Kimberly S., Young, Cristiano Nabuco de Abreu(2013). Internet Addiction: A Handbook And Guide

To Evaluation And Treatment. 인터넷 중독 - 평가와 치료를 위한 지침서. 신성만 외 역(2013).

Kottler, J. A.(1994). Beyond blame: A new way of resolving conflicts in relationships. Jossey-Bass.

Littell, J, H. Corcoran, J. & Pillai, V.(2009). Systematic reviews and meta-analysis, Published to Oxford Scholarship Online:January.

Malchiodi, C. A.(2000). The Art Therapy Sourcebook, 『미술치료』, 최재영, 김진연 역(2008), 서울 : 조형교육.

Miller, W. R., Benefield, R. G., & Tonigan, J. S.(1993). Enhancing motivation for change in problem drinking: a controlled comparison of two therapist styles. Journal of consulting and clinical psychology, 61(3), 455.

Miller,W.R.,& Rollnick, S.(2002). Motivational interviewing: Preparing people to change addictive behavior.New York:TheGuilford Press. 동기강화상담 (제2판), 신성만, 권정옥, 손명자 역(2006). 서울:시그마프레스.

Miller,W.R.,& Rollnick, S.(2006). 동기강화집단상담: 변화준비시키기[Motivational interviewing: Preparing people for changel.(신성만, 권정옥, 손명자 역). 서울:시그마프레스(원전은 2002에 출판).

NaKaYa, Andrea C.(2015). Internet and Social Media Addiction. San Diego, CA :ReferencePoint Press.

Posthuma, B.W.(1996). Small Groups in therapy settings: Process and Leadership (2nd Ed) Boston: Allyn and Bacon.

Prochaska,J., DiClemente,C., & Norcross,J. (1992). In search of how people change: Applications to addictive behaviors. American Psychologist, 47(9), 1002-1114.

Prochaska,J.O. & Norcross,J.C.(2001). Stages of change. Psychotherapy, 38(4),443-448.

Quoted in AFP RELAXNEWS,(2014) "Sundance Film Sheds Light on Chinese 'Web Junkie' Detox Camps, "New York Daily News. www.nydailynews.com.

Ryan, R M, & Dec, E L(2000). Self determination theory and the facilitation of intrinsic motivation, social development, and well-being Psychologist, 55, 68-78.

Resnicow,K., Jackson,A., Wang,T., Dudley,W., & Baranowski,T.(2001). A motivational interviewing intervention to increase fruit and vegetable intake through black churches Results of the eat for life trial. American Journal of Public Health, 91, 1693-1696.

Salovey, P., & Mayer, J. D.(1990). Emotional Intelligence. Imagination, Cognition, and Personality, 9, 185-211.

Schunk(1989). Self-efficacy and achievement behaviors Educational Psychology Review, 1, 173-208.

Shulman, M. J.(1984). Resource limitation and recruitment patterns in a coral reef fish assemblage. Journal of experimental marine biology and ecology, 74(1), 85-109.

Siepker, B., &Kandaras, C.(Eds.)(1985). Group therapy with children and adolescents. New York;Human Sciences Press.

Suler, J.R., and Phillips, W.(1998). The bad boys ofcyberspace: deviant behavior in multimedia chat communities. CyberPsychology & Behavior 1:275-294.

Stoyva, J.(1977). Self-regulation and the stress related disorders. J. Kamiya., J. Stoyva., T. Barber., E. Neal., & D. Sharpio (Eds.), Biofeedback and self-control pp3-21.

Thoresen, C. E., & Mahoney, M. J.(1974). Behavioral self-control. Holt McDougal.

Volkow, N. D., Wang, G. J., Ma, Y., Fowler, J. S., Wong, C., Ding, Y. S. & Kalivas, P. (2005). Activation of orbital and medial prefrontal cortex by methylphenidate in cocaine-addicted subjects but not in controls: relevance to addiction. Journal of Neuroscience, 25(15), 3932-3939.

Wadeson, H.(1987). Dynamics of Art Psychotherapy, 『미술심리치료학』, (장연집역, 2008), 서울 : 시그마프레스.

Wubbolding, R.(1986). Using reality therapy. New York, NY: Harper & Row.

Yalom, I. D.(1993) The Theory and Practice of Group Psychotherapy, 집단정신치료의 이론과 실제, (최해림, 장성숙 역, 2008), 서울 : 하나의학사.

Young, K. S.(1996). Internet addiction: The emergence of a new clinical disorder. Cyberpsychology and Behavior, 1(3), 237-244.

Young, K. S.(1998). Caught in the Net: How to Recognize the Signs of Internet Addiction - and a Winning Strategy for Recovery. New York: John Wiley & Sons, Inc.

Young, E. T., Tachibana, C., Chang, H. W. E., Dombek, K. M., Arms, E. M., & Biddick, R. (2008). Artificial recruitment of mediator by the DNA-binding domain of Adr1 overcomes glucose repression of ADH2 expression. Molecular and cellular biology, 28(8), 2509-2516.

Zimmerman, B J.(1989). A Social Cognitive View of Self-Regulated Academic Learning : Journal of Educational Psychology, 81(3), 329-339.

Zsolt, D., Beatrix, S., & Sandor, R.(2008). The three-factor model of Internet addiction: The development of Problematic Internet Use Questionnaire. Behavior Research Methods 40(2), 563-574.

저 / 자 / 소 / 개

■ **이경은**(李庚恩)

이화여자대학교 사회복지학과 학사, 석사(사회사업 전공)
대구대학교 사회복지학과 철학박사(사회복지 전공)
현, 경북대학교 사회복지학부 교수

〈주요 저서〉

지역사회복지론(공저, 2016)
학교사회복지론(공저, 2016)
사회복지개론(공저, 2014)
자원봉사론(공저, 2008)
인간행동과 사회환경(공저, 2002)

〈주요 논문〉

스마트폰 중독 초등학생을 위한 개입 프로그램 메타분석(2019)
인터넷 중독 중고등학생을 위한 집단 프로그램 효과성에 대한 메타분석(2019)
빅 데이터를 활용한 아동학대 인식연구(2018)
청소년의 스마트폰 의존 변화유형 분석과 방임이 자기결정성을 매개로 스마트폰 의존에 미치는 영향(2018)
아동학대 위험사정 문항개발에 관한 연구(2017)
청소년의 체험활동 잠재계층과 스트레스, 자기결성, 스마트폰 의존에 관한 연구(2017)

청소년 인터넷 중독의 극복

"집단사회복지실천을 위한 가이드"

1판 1쇄 인쇄 — 2020년 1월 28일
1판 1쇄 발행 — 2020년 1월 30일

저　　자 - 이경은
발 행 인 - 강철원
발 행 처 - 양성원
주　　소 - 경기도 파주시 검산로 173번길 29-20
전　　화 - 031-946-3861(代)
팩　　스 - 031-946-3864
이 메 일 - tnwpub@naver.com
홈페이지 - tnwpub.co.kr
출판등록 - 2015년 8월 31일 제 2015-000211 호

ISBN 979-11-6126-241-3

정가 20,000원